図説 イギリスの王室

Kings & Queens of Britain

石井美樹子

河出書房新社

イギリス王室はなぜ生き延びることができたのか

近代において、共和主義や民主主義の高まりと同時に、ヨーロッパの王室が次々と姿を消してゆくなか、イギリス王室がその動乱の波をくぐり抜け、生き延びることができたのはなぜか。十三世紀のジョン王の時代に、王権を大幅に制限する「マグナ・カルタ」(大憲章)を成立させ、以後、少しずつではあるが、立憲君主制を発達させたことが大いに原因している。だが、それだけではない。イギリスでは、一〇六六年のノルマンディ公爵ウィリアムによる征服よりはるか以前に、アルフレッド大王のような、賢者(賢人会議)によって推挙され、教会の戒律を尊重し、万人のために政治を統べる正しき偉大なサクソン王が出現し、その姿がイギリス人の脳裏に刻み込まれていたことを忘れてはならない。イギリスの歴史を通して、理想の王の姿が色褪せんとするまさにその時に、ヘンリー一世、エドワード一世、エドワード三世、ヘンリー七世、エリザベス一世、ヴィクトリア女王といった君主が出現し、機を逸せず再び理想の王の姿を復活させ、君主の聖なる権威をあらんかぎりの光で、燦然とした輝きを放たせたのだ。

二五歳で即位したエリザベス一世は、結婚して後継者をもうけるよう議会から要請されると、「君主は私の胎を痛めた子でなくともよい。王の資質に恵まれた者が継げばよい」と答えた。一六世紀において、い

や、今日でさえ、これほど斬新で革命的な王権論をもつ者がいるであろうか。だから、エリザベス一世の後は、スコットランド王ジェームズ六世がジェームズ一世としてイギリス王を兼ねることになり、スコットランド直系の血統が絶えると、オランダ総督オラニエ公爵ウィレム（ウィリアム三世）を王に迎え、またその直系が絶えると、ドイツのハノーヴァーから君主（ジョージ一世）を迎えた。優れた君主を得なければ国は滅びる――たとえ王が象徴的存在であったとしても。立憲君主制を維持するには、国籍や性別などにかまってはいられないのだ。

　イギリスはフランス人に征服されたので、フランス語が公用語、支配者階級・特権階級の言葉になった。民衆は何事も簡略化する。英語は選ばれた者たちの監督を脱し、数世紀ほど口語にとどまった末に簡略化され、驚くべき伸縮性を獲得する。

　単語のうち、アクセントのあるシラブル（音節）だけが残り、多数の単綴語が生じる。この傾向は、かの有名はウィリアム・シェイクスピアの時代に至ってもみられ、シェイクスピア（shakespear）はシェイクシャット（shakeshafte）と同一人物ではないのかと学者たちは今でも議論しているし、シェイクスピアのライバル、クリストファ・マーロウの名にいたっては、Marlow,Marley,Morley,Marlein,Marlen,Marlinとなっており、単綴語が一つだと思いこむと、とんでもないあやまちを犯すこととなる。この単綴語は比類のない深みを英語に与えた。その一方、征服者と接触している間に、民衆はフランス語の単語を覚え、それをほとんど変えずに借用した。被征服者の言語であったことが、かえって英語独特の美しさを確保することにつながったのだ。国土は征服されたが、言語は世界を征服した。この世の中、何が幸いするかわからない。歴史を学ぶと、こんなことがわかってくる。

　本書は、ウィリアム征服王の少し前のデンマーク人によるイギリス征服とサクソン人の王位継承をふり返り、イギリスの王冠を戴いた王や王妃たちの姿を浮かび上がらせながら、イギリスの王冠がいかに継承されたかをたどる趣向になっている。本書の頁をめくりながら、万世一系の皇統を戴く日本の皇室のあるべき姿にも思いを馳せてもらえれば嬉しい。

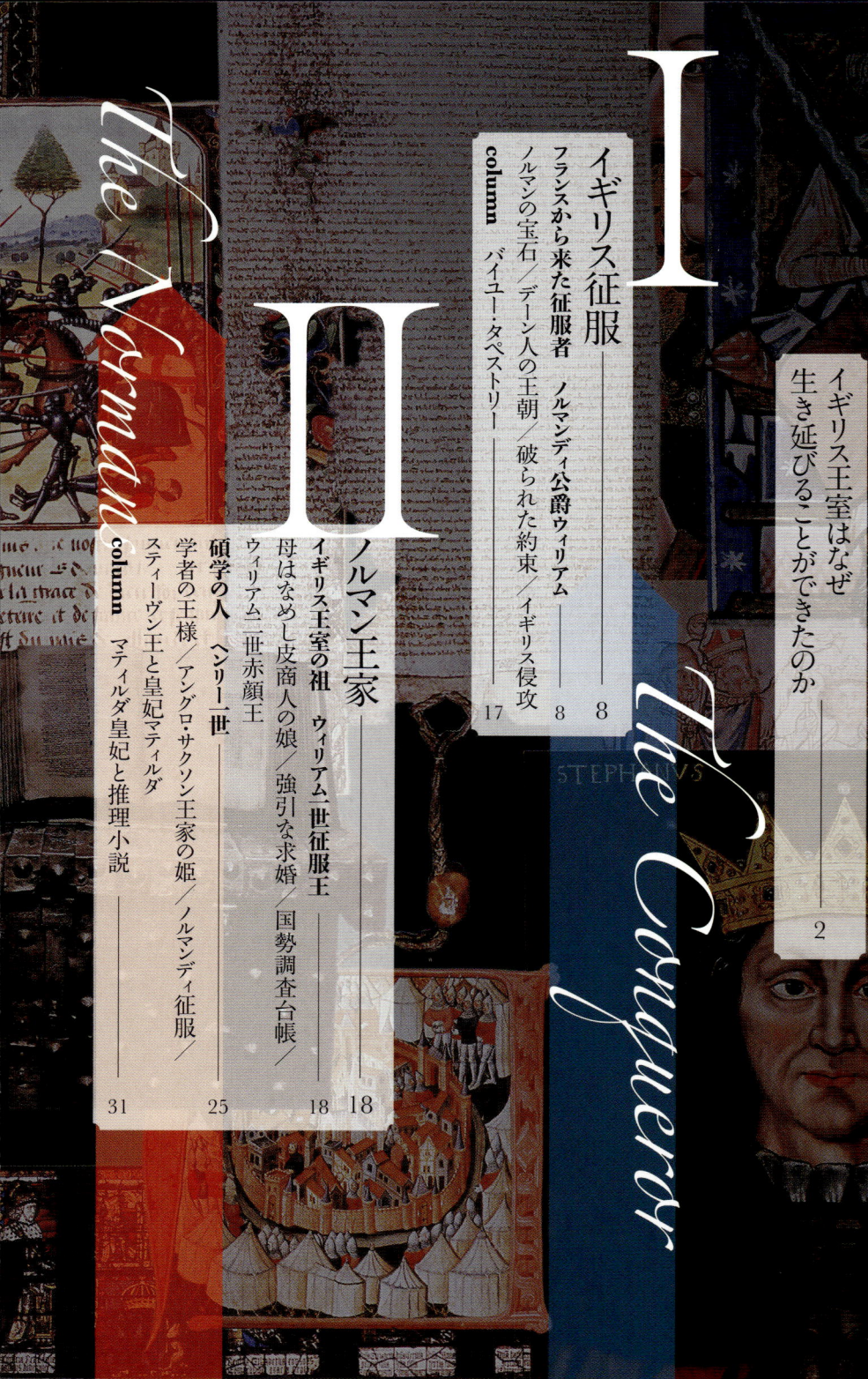

The Conqueror

The Norman

III

The Plantagenets

IV

The House of Lancaster and York

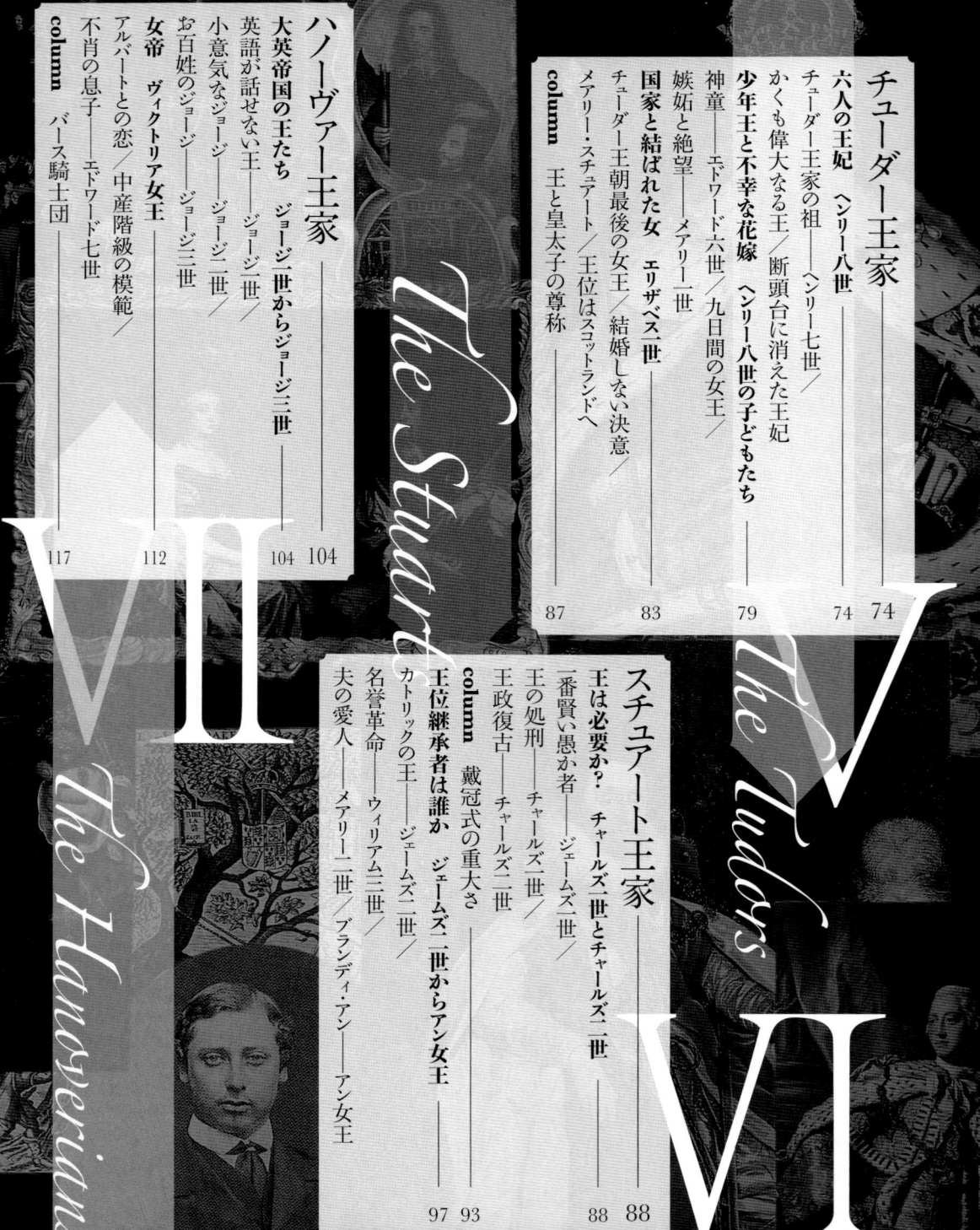

V The Tudors

VI The Stuarts

VII The Hanoverians

VIII

サクス・コバーク・ゴータ王家からウィンザー王家へ

The House of Saxe-Coburg-Gotha and Windsor

イギリスの正式名は「グレイト・ブリテンおよび北アイルランド連合王国」。世界で一番長い国名である。北はスコットランド、中央はイングランド、西はウェールズの三つの地域から構成されるブリテン島と北アイルランドから成る。ウェールズとアイルランドが征服されるまでは「イングランド」、スコットランドが加わってからは「連合王国」、一七〇七年の連合法以降は「大ブリテン連合王国」、一九二二年、北部を除くアイルランドが独立してからは「グレイト・ブリテンおよび北アイルランド連合王国」を使うべきであろうが、煩雑なので、時代とともに変貌する王国をひっくるめて、本書では「イギリス」を用いる。

本書では、イギリス王室の始まりをノルマンディ公爵ウィリアムのイギリス征服に置くが、それ以前のイギリス（アングロ・サクソン）王家の血がノルマン王家に流れていることから、征服直前のイギリス王たちの姿をも垣間見ることにする。

I イギリス征服

ノルマンディ公爵ウィリアム

フランスから来た征服者

the Conqueror

ノルマンの宝石

イギリス史のなかで、ノルマンディ公爵ウィリアム（仏名ギヨーム、一〇二七頃—八七）のイギリス征服ほど劇的な事件はない。これにより、イギリスはフランス人の王を戴く国となり、征服されて国の姿は変わった。

ウィリアムの同胞のノルマン人は、早くから大陸の騎士道の儀式と階級制を採用していた。公爵の下には貴族がおり、貴族の下には騎士たちがいた。貴族の召集に応じて騎士は武具と馬を伴って出陣し、四〇日間、戦いに従事しなければならなかった。ノルマン人を通して、このような新しい封建制度と軍事制度、それに長子相続を原則とする新しい君主制度がイギリスにもたらされ、あらゆる抵抗を崩して根付くことになる。

ノルマンディ公爵ウィリアムのイギリス征服の要因は、ロンドンのウェストミンスター寺院の建設者として名高いエドワード懺悔王（一〇〇四頃—六六）が、ウィリアムに王位を約束したことにある。エドワードは信仰心が篤く、祈りと告解を常としたので、懺悔王と呼ばれた。懺悔王からウィリアム征服王登場までの、複雑で凄惨な王位継承の経過を、一〇ページの系図をたよりにみてみよう。

懺悔王はアングロ・サクソン王家のイギリス王エセルレッド二世（九六八—一〇一六）を父とし、ノルマンディ公爵リシャール一世の娘エマを母として、一〇〇四年頃、オックスフォード近くのイスリップで生まれた。エマは絶世の美女で「ノルマンの宝石」と讃美されていた。すらりとして気品あふれる姿態、輝くブロンドの髪、白磁のようになめらかな肌、青い光をたたえるつぶらな双眸。しかし、美しいがゆえに数奇な運命をたどった。

エセルレッドの母エルフリーダは息子を即位させるために、夫とその前妻の子エドワードを殺害した。しかし、一〇一三年、デンマーク王スウェインが息子クヌートを伴い、九四隻の船と

[上]ノルマンディ公爵ウィリアム　頭上に「WILLELM:」の刺繍がある。『バイユー・タペストリー』より

[右上]エドワード懺悔王の戴冠式　アングロ・サクソン王家最後の王だが、王というより宗教者としての業績のほうが大きかった。白子（先天性色素欠乏症）だったともいわれる。図は13世紀なかばに描かれた肖像画

[右]エセルレッド2世　エドワード懺悔王の父。在位中はヴァイキングの来襲に悩まされていた。ヴァイキングとの戦いに負けるたびに賠償金を支払っていたことなどから国民の反感を買い、「無分別王」という不名誉な呼び名ももつ

ウェストミンスター寺院　11世紀にエドワード懺悔王により建てられ、現在でもイギリス国王の戴冠式が行なわれている。のちのヘンリー3世をはじめ、歴代の王により再建や増築が進められ、最終的に17世紀に現在のかたちとなった

アングロ・サクソン王家、デーン王家とノルマンディ公爵家

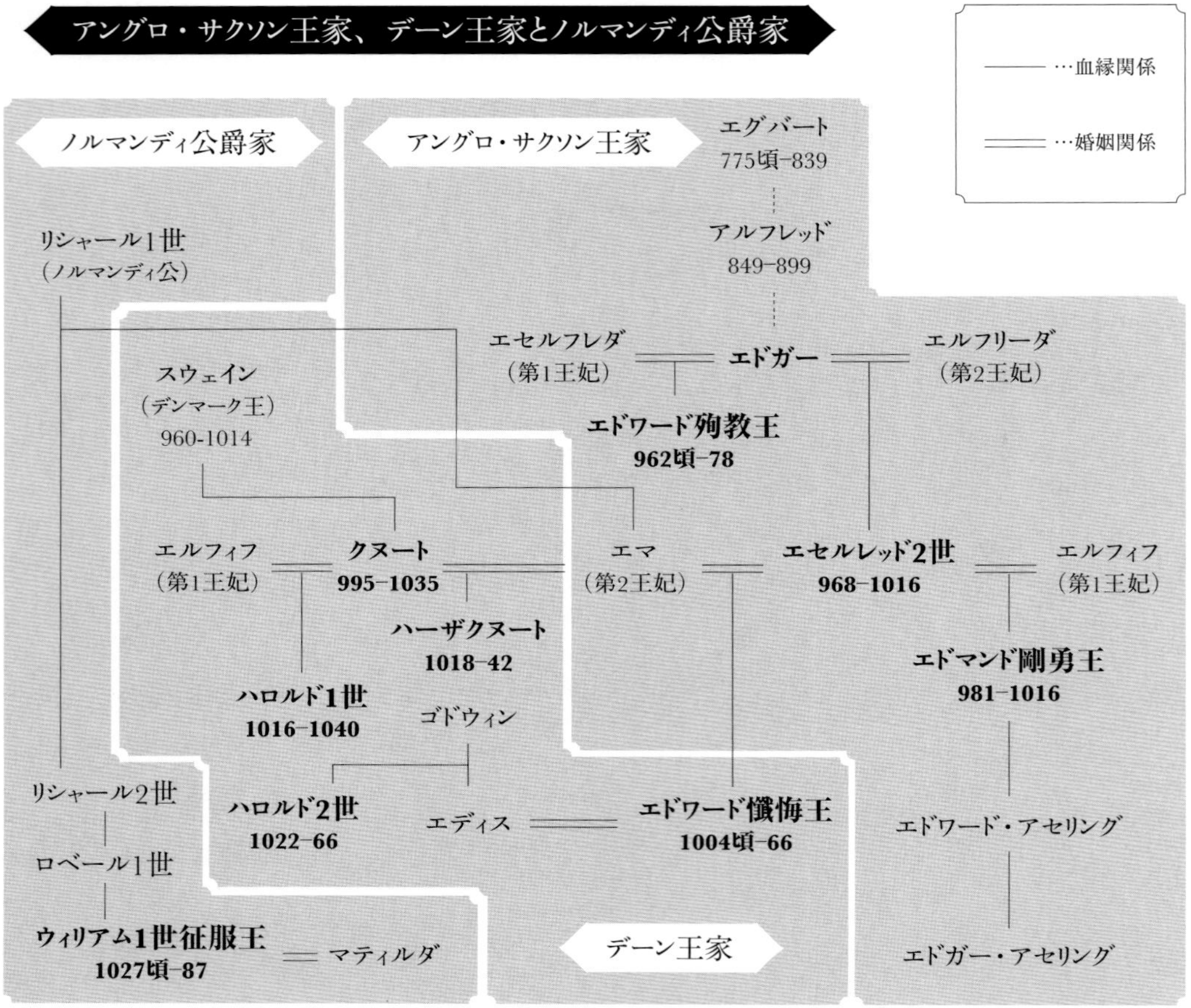

ともにケント州のサンドウィッチに上陸し、イギリス侵攻を開始する。その頃エセルレッドは病に倒れ、母の実家ノルマンディ公爵家に身を寄せていたが、賢人会議（議会の前身）に呼び戻され、病身をおしてデーン（デンマーク）人と戦ったものの、一〇一六年に病没した。

　スウェインは、エセルレッドを破った六カ月後に急死していたため、クヌートがエドマンド剛勇王（エセルレッド二世と第一王妃エルフィフの子）とイギリスを分割統治した。しかし、わずか一年後に剛勇王が世を去ったため、この時から二六年、デーン人の王朝が続くことになる。

デーン人の王朝

　クヌートには既に妻がいたが、イギリスを征服すると妻を離縁し、エセルレッド二世の未亡人エマに求婚した。エマはクヌートより十数歳も上だったが、若き日の美貌は少しも衰えていなかった。征服者の求婚をどうして断れ

[上]クヌート　左下の女性はエセルレッド２世の未亡人で第二王妃のエマ

[右上]スウェイン　960–1014年。デンマーク、ノルウェー、イギリスと３つの国の国王を兼ねたが、イギリス王としては在位わずか一年と短命だった

[右中]ハロルド２世の戴冠式　1066年１月６日に行なわれた戴冠式。この結果、ノルマンディ公爵ウィリアムによるイギリス征服を招くことになる。『バイユー・タペストリー』より

[右下]クヌート王妃エマ　右上から顔をのぞかせている２人の男性は息子たちで、のちのハーザクヌートとエドワード懺悔王

［上］ハロルド拘束される　ノルマンディに向かったハロルドは嵐に遭い、ポンティユー伯爵ギー領内のソム川河口ポンチュに漂着し、拘束される。図には、ハロルドの船が碇を下ろす準備をしているところ（左）から、ギーに捕らわれる（右）までが描かれている
［下］ハロルドの釈放　ギー伯（黒い馬にまたがっている）は、ウィリアム公（黒い馬と対面している人物）のもとへハロルド（ギー伯の後方）を連行。ここでハロルドは釈放された。２点とも『バイユー・タペストリー』より

よう。エマはデーン人の妻となり、ハーザクヌートを生んだ。エマとエセルレッド二世の子エドワード（のちの懺悔王）は、義理の父クヌートを嫌って母の実家ノルマンディ公爵家に身を寄せた。

一〇三五年、クヌート王が亡くなると、賢人会議に推挙されてクヌートとその前妻の子がハロルド一世として即位する。そして一〇四〇年、ハロルド一世が亡くなり、デンマーク王となっていたハーザクヌートは、時をおかずに、六〇隻の船団と共にデンマークを出発してサンドウィッチに上陸し、カンタベリー大聖堂で戴冠した。

しかし、この戴冠式から二年後、ハーザクヌートは葡萄酒を口に運んでいる最中に「王として何ら成すことなく」突然死する。ハーザクヌートには子がなかったために、デーン人の支配は三代で終わり、一〇四二年、エドワード（懺悔王）が賢人議会に推挙されて王位に即いた。

懺悔王は、デーン人の王朝時代、ノルマンディに亡命していたため、三〇

ウィリアム公とハロルドの誓約　ポンティユー伯爵ギーに身柄を拘束されたハロルド（のちの２世）は、ウィリアム公によって救出される。その恩義に対しハロルドは、２つの神殿に手を置き、ウィリアム公への臣従と、公の王位継承を神に誓ったのだが……。『バイユー・タペストリー』より

のなかばを過ぎて帰国した。イギリス人というよりは、ノルマン人のようで、王になっても、周囲をノルマン人でかためた。そして懺悔王には従弟にあたるノルマンディ公爵ウィリアムが来英すると、賢人会議に推挙された王には、次の王位継承者を勝手に指名することができないにもかかわらず、ウィリアムに自分の死後の王位を約束してしまう。

しかし、一〇六六年一月五日、懺悔王は臨終の床で、ウェセックス伯爵の妹である妻の兄ハロルドを次期王に指名した。賢人会議もハロルドを推挙する。ウェセックス伯爵ハロルドはイギリス一の実力者だったからである。

破られた約束

ハロルド二世の王位継承を知ると、ノルマンディ公爵ウィリアムは全ヨーロッパに向かって宣言した。「ハロルドは封建の掟を侵して王位に即いた」。

一〇六〇年頃、ハロルドは懺悔王の命を受けてノルマンディを訪れた際に、

ポンティユー伯爵ギー領の海岸に漂着し、身柄を拘束された。ハロルドはイギリス王妃の兄という高位の身分にある。伯爵はハロルドを自由にする代わりに、莫大な身代金を要求した。ウィリアムは伯爵に使者を送り、多額の身代金を払ってハロルドを救い出す。その後ハロルドは、ブルターニュに遠征するウィリアムに随行し、戦功をあげて鎧と兜を授けられ、騎士に叙せられ、ウィリアムに臣従の礼をとった。

ウィリアム征服王の司祭ギヨーム・ド・ポワティエは、ハロルドの誓言の場面をこう描写している。

「ハロルドはキリスト教徒の聖なる儀式によってウィリアムに誓言した――儀式の最後にハロルドはウィリアムにこう言った。自分はエドワード懺悔王の宮廷で、エドワード王が生きている間、ウィリアムの大使としての役目を果たそう。エドワード王の死後、ウィリアムにイギリスの王冠がくるように全力を尽くそう」

つまり、イギリスの王冠はエドワード懺悔王がウィリアムに約束したもの。

ハロルドの帰還　ウィリアムとの誓約後、帰国するハロルド。『バイユー・タペストリー』より

ヘイスティングスの戦い
ハロルドに約束を破られ怒りに燃えるウィリアム公は、1066年10月14日の土曜日、遂にイギリス侵攻を開始する。馬に乗っているほうがノルマン軍の騎兵隊。ハロルド軍は、盾で必死に防衛をはかる。『バイユー・タペストリー』より

それを臣下のハロルドが主のウィリアムを差しおき手にしたことは、封建社会の掟に反する――これがウィリアムの錦の御旗だった。ローマ教皇アレクサンデル二世はウィリアムに理があるとして、旗と聖ペテロの頭髪入りの指輪を与えて祝福した。

イギリス侵攻

一〇六六年九月二七日、ウィリアムは約一万二〇〇〇の兵と七五〇隻の船団からなる遠征隊を率いて、サンバレリーを出発した。九月二八日、聖ミカエル祭の前夜、イギリス海峡を臨むケント州の港町ペヴェンシーに入港し、近郊のヘイスティングスに要塞を設営した。一〇月一四日、戦闘は開始される。ノルマン兵の半数ほどは騎馬兵で動きは敏捷、砦を築いてそこから矢を放つ戦法を早くから発達させていた。

イギリス軍はセンラック丘の頂に陣取り、整列した盾で防御しながら、槍や弓や斧でノルマン兵に応戦した。戦闘が長引くのを恐れたウィリアムは退却戦術に転じた。ノルマン軍が退却の

ヘイスティングス城　ヘイスティングスの戦い後にウィリアムによって築城されたといわれるが、現在はわずかに城壁が残るのみ。ヘイスティングスは、ロンドンから南へ100キロほど、ドーヴァー海峡に面した港町（写真提供・英国政府観光庁）

[上]ハロルド軍劣勢　ノルマン軍は、馬と長槍で攻撃することで敵の動きを止める作戦をとった。それは見事にハロルド軍を攪乱し、次々と敗北へと追い込んでいく。『バイユー・タペストリー』には、馬がもんどり打って倒れるさまがリアルに描かれている

[下]ハロルド軍逃走　ハロルド王や王の側近たちも討たれ、ウィリアム軍の勝利の雄叫びの前に、逃亡する敗残兵。『バイユー・タペストリー』より

姿勢を見せると、イギリス軍は追跡を開始した。これがウィリアムの狙いだった。十分に敵をおびき寄せてから、ノルマン軍は回れ右をして攻撃に転じる。イギリスの歩兵たちは、正面から向かってくるノルマン騎兵隊の猛攻撃に遭い、総崩れとなった。戦闘は八時間に及び、ハロルド二世は戦死した。次に引用するのは、前述の司祭ギヨーム・ド・ポワティエの筆になる戦いの終わりの場面である。

「夕闇はまだ迫っていなかった。イギリス側は、ノルマン軍に抗し得ないのをはっきりわかっていた。軍隊の大部分が失われたからである。イギリス王と二人の弟、ほかに多くの偉大なる武将が戦死した。生き残っていた兵士たちはほとんど疲弊し尽くしていた。もはや援軍はどこからも来ないことを理解していた。それほど大きな犠牲者を出さずにすんだノルマン軍は、戦闘開始の時とほとんど変わらず戦意に燃えていた。ウィリアムは、自分に立ち向かう者は何人《なんぴと》であろうとも容赦せずに怒りを爆発させて突き進み、勝利するまで戦意を緩めず、イギリス兵士たちはノルマンディ公爵の武勇を思い知った。そういうわけで、イギリス兵は我先にと、できるだけ早く、ある者は馬に乗り、ある者は徒歩で、ある者は道路沿いに、ある者は平原を越えて退却した」

この年のクリスマス、ウィリアムはウェストミンスター寺院で戴冠し、イギリス王ウィリアム一世となった。

column

バイユー・タペストリー

ノルマンディ公爵ウィリアムによるイギリス征服の次第は、『アングロ・サクソン年代記』に記されているが、いかなる資料にも増して重大で、もっとも信頼に足る資料のひとつは、一〇八二年頃イギリス南西部で、ウィリアム征服王の異母弟でバイユー司教オドのもとで製作されたと推定されている刺繡作品『バイユー・タペストリー』である。イギリス征服という劇的な事件が正確かつ克明につづられている。

長さは六八メートル三八センチ、幅は四五・七センチから五三・六センチ。タペストリーは繰り返し修復され、今日まで伝えられた。素材は麻、使用されている刺繡糸の色はテラコッタ、青味がかった緑、落ち着いた黄金色、オリーブの緑、青、黒っぽい青、黒、セージ色の緑。修復時に使用された明るい黄色、オレンジ色、明るい緑が混ざっている。

ここには、ハロルド（のちの二世）がエドワード懺悔王の命を受けてノルマンディに出発する場面から一〇六六年一〇月一四日の「ヘイスティングスの戦い」までが、黒糸でつづられた各場面を説明するラテン語とともに刺繡されている。騎馬兵をはじめとする人物は躍動感に富み、色彩は美しく、美術品としても世界一級の作品である。上下の縁飾りには、当時の人びとの日常生活（鋤をひく農耕の様子や、勃起した裸体の男が裸体の女性を追いかける場面もある）やイソップ物語や怪獣が刺繡され、征服という厳粛なテーマに俗世の事柄が添えられる趣向となっており、中世文化の極みといってよい。

「バイユー・タペストリー」のもっとも重要な場面のひとつは、ウィリアムのイギリス王位継承を正当化しているところ。ハロルドが大きな二つの聖遺物を納める櫃に手を置き、ウィリアムに臣従の誓いをしている部分である（一三ページ）。

農作業の様子　『バイユー・タペストリー』上下の縁飾りに描かれた、中世の人びとの農耕。種をまき、畑を耕す様子がわかる

ノルマン王家の４人の王　左上から時計回りに、ウィリアム１世征服王、ウィリアム２世赤顔王、スティーヴン王、ヘンリー１世

II ノルマン王家

イギリス王室の祖 ウィリアム一世征服王

The Normans

母はなめし皮商人の娘

征服王の妻はフランドル（現在のベルギー西部からフランス北端にかけて、アルトワ丘陵とスヘルデ川下流との間にある北海に沿う低地地方）伯爵ボードワン五世の娘マティルダ（一〇三一―一〇八三）だった。マティルダは、当時ノルマンディ公爵だったウィリアムが求婚すると、「由緒あるフランドル伯爵家の娘が、私生児などと結婚できません」と言って断った。

ウィリアムの父はノルマンディ公爵ロベール一世、母はファレーズ市の富裕ななめし皮商人の娘アルレッタ。ロベール一世は狩りの帰り道、川べりで

ウィリアム１世と貴族たち　イギリス侵攻の際、ウィリアム１世（中央）は多くのノルマン貴族と教会の高官たちを引き連れて上陸した。征服後、彼らにもイギリスの領土が与えられ、それぞれ築城を行なった。ウィリアムの全身にみられる、赤地に金糸で描かれた、３頭のライオンが、イギリス王室の紋章となる

洗濯にいそしむアルレッタを見初めて求愛し、彼女はそれに応えた。ロベールには既に妻がいたが、アルレッタはふたりの関係を秘密にするのを拒み、馬に乗って堂々とロベールの城に乗り込んだ。やがてウィリアムを身ごもり、ファレーズの実家で出産する。一年後、ウィリアムは母に抱かれて父ロベールに対面した。父は賢そうな幼児をわが子と認め、手もとに引き取って育てた。

ウィリアムは五歳になると、仲間を集めて戦争ごっこに熱中し、早くも指揮官としての才能を見せるようになる。父は幼い息子に王者の資質を認め、与えうるかぎりの高い教育を授けた。

ウィリアムが七歳の時　幼い主《あるじ》を戴く地味豊かなノルマンディは、格好の餌食として周囲の諸侯に狙われた。そのためウィリアムは、ノルマン配下の貴族たちが祖国のために戦う姿を見ながら大きくなった。〝私生児〟だったから、臣下の態度は決して温かくなかった。しかも、ウィリアムを主人として戴き育てた臣下たちが、すべて暗殺されるという悲惨な出来事にも見舞わ

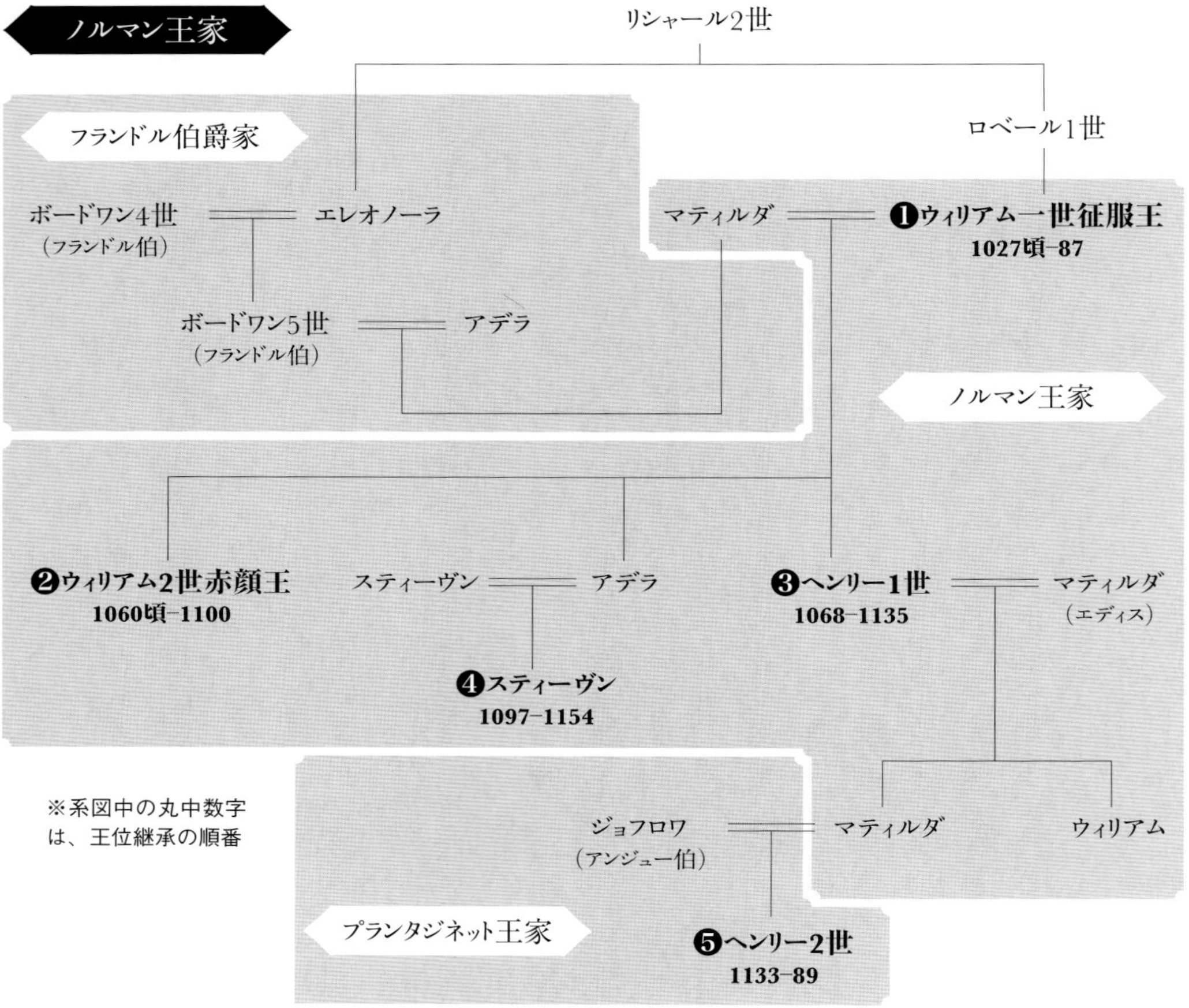

※系図中の丸中数字は、王位継承の順番

れた。

　こうして、言葉ではとうてい言い表せないほどの厳しい子ども時代を生き抜くことにより、ウィリアムは意志の強い逞しい青年に育っていく。ほかの騎士より頭ひとつ分大きく、骨格はがっしりとし、額は広く、面立ちは美しかったが、表情は峻厳で目つきは険しかった。ウィリアムに睨まれると、誰もが震えあがった。

強引な求婚

　マティルダに求婚を断わられてから七年後、業を煮やしたウィリアムはフランドルに乗り込み、教会での礼拝を終えて帰宅途中のマティルダを襲い、三つ編みの髪をつかむと泥道に引きずり出し、殴る蹴るの暴行をはたらき逃げ去った。ところがなんと、その後、マティルダはウィリアムの求婚を受け入れたのである。意外に思えるが、マティルダは決して美人ではない。背が低く、男を誘うような女性ではなかった。しかし、毅然として女王の風格が

カンの男子修道院　カンは、ルーアンと並んでノルマンディ公国の都として繁栄した。ウィリアム１世とマティルダによる男子・女子修道院のほか、ウィリアム１世の居城も現存する（写真提供・amanaimages）

あり、魅力を発揮しようと思えば、若者を悩殺できたのであろう。

婚礼の日、マティルダは不審顔の父に言った。「わたくしを公衆の面前で殴るほどのお方なのですから、勇気があり、男らしいにちがいありません」。

ウィリアムの父ロベール一世とマティルダの祖母エレオノーラは、ともにノルマンディ公爵リシャール二世を父とする兄妹同士（二〇ページ系図）。つまりふたりの結婚は近親結婚に相当することになり、ローマ教皇庁の許可を必要としたため、ウィリアムはノルマンディのカンに男子修道院と女子修道院を建て、また目の不自由な人たちのための病院を建てるという約束をし、許可を取り付けた。ウィリアムはこの

ウィリアム１世妃マティルダ　アルフレッド大王の子孫であるフランドル伯爵ボードワン５世の娘。アルフレッド大王は、イギリスをヴァイキングの来襲から守った英雄だった

二つの修道院のほかにも宮殿や教会を建て、学問を奨励し、芸術家や学者を惜しみなく援助した。

マティルダ王妃は一〇六七年四月に渡英し、首都ウィンチェスターで戴冠した。イギリスには、それまで王の妻が戴冠する慣習はなかったが、征服王は、自分が不在中のイギリスをマティルダに託せるように、彼女を王権を分かちもつ「王妃《クイーン》」にする必要があった。

ドゥームズデイ・ブック　ウィリアム１世による国勢調査台帳で、最初の台帳は1085年に完成した。「ドゥームズディ」とは「最後の審判」を意味し、すべての行ないを明らかにすることから、この名がつけられた

戴冠によってマティルダは、征服王と同じく地上における神の代理人となり、摂政としてイギリスを預かることができるようになった。マティルダは戴冠した初めてのイギリス王妃である。

国勢調査台帳

征服王は勇猛果敢な戦士であるばかりでなく、統治の才に恵まれ、行政力があった。まず六年がかりで国勢調査をして国勢調査台帳《ドゥームズデイ・ブック》(Doomsday Book)を作成し、それに基づいて徴税を行なった。この国勢調査は「いかなる者も漏れなく記載され、すべての国民が平等に課税された。まるで、天国の最後の審判を受ける時のように」と言われ、一頭の牡牛、牝牛、豚に至るまでが記載された。この台帳から、当時のイギリスの人口は二〇〇万ほどだったと推定される。ノルマンディから送り込まれた五〇〇〇人ほどのノルマン貴族が二〇〇万の民を支配できたのは、それまでの諸制度を温存し、イギリスの地形から人口までを徹底的に調査したことによる。

国勢調査台帳が完成した一〇八五年に、征服王はすべての土地保有者をソールズベリーの会議に召集し、臣従の誓言をさせた。そして、会議が終わるやいなや、海を渡った。ノルマンディがフランス王フィリップにより、またも侵攻の危機にさらされていたからだ。

その二年後、フランスの町マンテを攻撃中、馬がのけぞり、征服王を振り落とした。この事故で内臓が破裂し、ルーアンに運ばれる途中の九月九日、征服王は息絶えた。六〇歳だった。

王妃マティルダはすでに四年前に亡くなっており、征服王の無惨な遺体を清めてカンの男子修道院へ運び、手厚く葬ったのは、征服王の母アルレッタが嫁いだ貧しい田舎騎士ハールウィンだったといわれている。父の最期が近いのを悟った三男ウィリアム(のちのウィリアム二世)は、イギリスの王冠をわが手にしようと、急遽ロンドンへ向

築城　ウィリアム１世当時の築城はひじょうにゆっくり行なわれた。１年で約３メートルの高さを積み上げるのがせいぜいだったという

かった。次男は早世し、長男ロベール（英名ロバート）は十字軍に身を投じ、その時はドイツにいた。

　征服王はひじょうに賢明で偉大なる王だった。いかなる王にも増して力があり、そして敬愛された。何よりも素晴らしかったのは、王国に平和をもたらしたことである。ノルマンから長子相続制度を導入し、デーン人やアングロ・サクソン人時代の血なまぐさい王位継承争いに終止符を打った。しかし、この王位継承をめぐるバイキング流の自由競争が、ひょっこり顔を出すことがある。弱く愚かな王が登場すると、若くて強い若者が王位を横取りする。このくり返しがイギリスの王権を強化していった。

ウィリアム二世赤顔王

　征服王の長男ロベールが本家のノルマンディを継ぐことになっていたので、その三男ウィリアムが（次男は早世）父の死去からわずか一五日後の一〇八七年九月二六日、ウィリアム二世（一〇六〇頃―一一〇〇）としてウェストミンスター寺院で戴冠した。

　彼はずんぐりむっくりしていて背は低く、髪もひげも赤く、赤ら顔だったために、ウィリアム・ルーファス（赤顔王）とあだ名をつけられた。信仰心にとぼしく無教養、粗野で冷酷、吃音癖があり、演説をしても何を言っているのかわからなかった。また同性愛の性向をもち、妻を迎える様子もなかった。

　父ウィリアム征服王の腹心の部下でカンタベリー大司教ランフランクが存命中は、大司教の威光のおかげでつつ

ウィリアム２世赤顔王　18世紀に描かれた肖像画

カンタベリー大聖堂　７世紀、ローマ教皇グレゴリウス１世からキリスト教布教の命を受けた司教、アウグスティヌスにより建てられた。その後、改修や増築が重ねられ、現在は英国国教会の総本山として威容を保つ。ジェフリー・チョーサーの『カンタベリー物語』で有名（©Visit Britain）

がなく統治したが、ランフランクが一〇八八年に亡くなると、本性を現した。素性の卑しいラニュルフ・ランバードなる人物を片時も離さず、彼の助言に乗せられ、ランフランク亡きあとの大司教職をはじめとして、二〇に及ぶ聖職を空位にし、聖職に伴う歳入を懐にした。宮廷は「山師が群れるメッカ」と化した。しかしその後、重い病で倒れると、罪を悔い、聖者として名高いベックの司教アンセルムをカンタベリー大司教に迎えた。ところが、奇跡的に病を克服すると、大司教を国外に追放する。とうとうローマ教皇ウルバヌス二世は赤顔王を破門した。

一一〇〇年八月二日、赤顔王は数名の供を連れ、ロンドンの南西九三マイル（約一五〇キロ）のニュー・フォーレストへ赤鹿狩りに出かけた。弟のヘンリー王子も同行した。その日の午後、ひとりの炭焼きが、胸に矢を射られて絶命している赤顔王を発見した。事故だったのか、それとも故意に矢に射抜かれたのか、その死はいまだに謎に包まれたままである。

ヘンリー１世　17世紀に描かれた肖像画。有能な王であったが、後継者に恵まれず、死後イギリスは混乱の時代を迎えることになる

碩学の人 ヘンリー一世

The Normans

学者の王様

兄ウィリアム二世の「事故死」を知ったウィリアム一世征服王の四男ヘンリー王子は、首都ウィンチェスターに急いだ。ヘンリーは議会を召集して、兄の死からたった三日後の八月五日、王位継承を宣言し、ヘンリー一世（一〇六八―一一三五）となる。どこからも反対の声はあがらなかった。彼は既に「立派な学者」として人望を得ていたからである。

ヘンリーは征服王の容貌を受け継ぎ、兄弟のなかでは一番背が高く、がっしりした骨格に端整な顔立ちをしていた。しかし征服王のお気に入りは、三男の

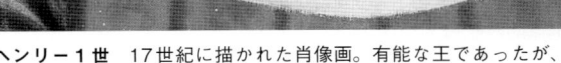

ウィリアムだった。ヘンリーは、かつて父王とこんな会話を交わしたという。

「兄たちはみな領土をいただけますのに、わたくしには何をお遺しになるのですか」

「王室の金庫から五〇〇〇ポンドをあたえよう」

「城も領土もないのに、五〇〇〇ポンドの使い道などありません」

「いまは我慢し、神にすべてを委ねるように。しばし兄たちに道を譲るのだ。わが栄光のすべてを受け継ぐのはそなたになろう。いつの日か、そなたは富と権力において兄たちをしのぐ者となろう」

　征服王は鷹のような炯眼《けいがん》で、ヘンリー王子のまなざしの奥に煌めく輝きを見ていた。征服王の予言は的中し、ヘンリー王子はついにイギリスの王冠をわが手にした。

アングロ・サクソン王家の姫

　ヘンリー一世は、赤顔王の側近だったラニュルフ・ランバードを追放し、アンセルムを呼び戻してカンタベリー大司教に迎えた。何よりもアングロ・サクソン系の国民が喜んだのは、ヘンリーが、アルフレッド大王の血を引くアングロ・サクソン王家の王女エディス（一〇八〇—一一一八）を妃に迎えたことである。

　エディスの母マーガレットは、エドマンド剛勇王の孫にあたる。マーガレットはスコットランド王マルカム三世に嫁ぎ、エディスが一三歳の時に、夫の後を追うように亡くなった。エディスは母の兄で伯父にあたるエドガー・アセリングとともに母の祖国イギリスに移り住み、ウィンチェスターの南に位置するラムジー修道院で、修道女になるための教育を受けることになった。その美しさは母マーガレット譲りで、絹のような白い肌、均整のとれた彫りの深い顔、佇まいには気品と優雅さが備わっていた。

　イギリス王に求婚された時、エディスは躊躇した。ヘンリー一世には、ウェールズの貴族の娘ネスタをはじめ八

ウィンチェスター大聖堂　ヘンリー１世当時の首都ウィンチェスターに残る大聖堂で、900年を超える歴史がある。身廊の長さは世界随一を誇り、約170メートルもある（©Visit Britain）

カーディフ城　ヘンリー１世が兄ロベールを幽閉したウェールズの古城。現在の建物は19世紀のもの（©Visit Britain）

人ほどの愛人がおり、既に二〇人もの庶子をもうけていた。神に一生を捧げる決意をしていたエディスには、このような王の妃にはなれそうになかった。しかし自分を通して、ノルマンの征服者と祖国の民とがひとつに結ばれると思うと希望に胸がふくらみ、ヘンリー一世の求婚を受け入れた。結婚を機に、スコットランド名のエディスをノルマン名のマティルダに改めた。

王妃の戴冠の日、イギリスの詩人はこう謳った。「清らかな花嫁にすべての希望が託されている。王妃は、イギリスの玉座を世々に継ぐ強く英邁な王たちの母になるであろう」。

ノルマンディ征服

ヘンリー一世の兄ノルマンディ公爵ロベール（ウィリアム征服王長男、父の死後ノルマンディ公領を相続）は気が弱い性格にもかかわらず野心だけは旺盛だった。やがてイギリスの王冠に触手をのばし、ノルマンディで徴兵、イギリス侵攻の動きを見せた。ヘンリー一世は一一〇六年、兄の野望を砕くために、ノルマンディに遠征した。

戦いを前にしたヘンリーは、ノルマンディのとある教会に足を踏み入れた。王の一行を迎えた司教は、巻き毛を垂らし、見事な口ひげをたくわえた貴族たちを目にすると、声を荒らげた。ひげをそり、顔を額まで出すのがノルマン風だったからだ。

「かくのごとき容貌は人間の魂を永劫に地獄に導く。口ひげをたくわえ、顎ひげをのばした長髪の男たちは汚れたヤギにそっくりだ」

ヘンリーは涙ぐんだ。すると、司祭は言った。

「後悔のお気持ちをかたちに現してはいかがでしょう」

ヘンリーが頭を差し出すと、司教はヘンリーの豊かな金髪をはさみでばっさり切った。ヘンリーは臣下たちにも自分を見習うように命じた。

司教に従ったことが幸運を呼んだのか、ヘンリーは兄ロベールを「タンシュブレーの戦い」で破り、兄と反乱貴族たちを捕虜にした。ウィリアム征服王がハロルド二世を破り、イギリスを征服した「ヘイスティングスの戦い」からきっかり四〇年後であった。ウェールズのカーディフ城に幽閉されたロベールは、二八年後に病没し、グロスター聖堂に葬られた。

「タンシュブレーの戦い」から一一年後の一一一七年、またしてもノルマンディで貴族たちが不穏な動きをみせたため、ヘンリーは再び海を渡った。翌年陣地にて、ヘンリーは王妃の訃報を受けとった。以前から健康を害していた王妃は、王を見送ってから重篤に陥り、急逝したのだった。

　ノルマンディの反乱貴族たちを破り、ヘンリーが船上の人となったのは一一二〇年一一月二五日。皇太子ウィリアムは、王とは別の、新しく建造された「ブランシュ・ネフ号」に乗った。この船には、王の庶子リチャードの他、多くの若者が乗船していた。やがて船上で飲めや歌えのどんちゃん騒ぎが始まり、皇太子は船長に酒を振る舞い、船を猛スピードで走行させる。その時、泥酔した舵手が操縦を誤り、船は大きな岩にぶつかって浸水し、若者たちは水底に沈んでしまった。

　海難事故の知らせを受けたヘンリー王は顔面蒼白となり、気を失って倒れた。我に返った時、王の形相は変わり果てており、以後、亡くなる日まで、王の顔に笑顔が戻ることはなかった。

　この事故により、残された世継ぎは神聖ローマ帝国皇帝ハインリヒ五世（在位一一〇六―一一二五）に嫁いだマティル

グロスター大聖堂　ヘンリー１世の兄ロベールやエドワード２世の墓、ヘンリー３世が戴冠式を行なった場所としても知られている。映画『ハリー・ポッターと賢者の石』の撮影で、ホグワーツ魔法学校として使われ話題となった（©Visit Britain）

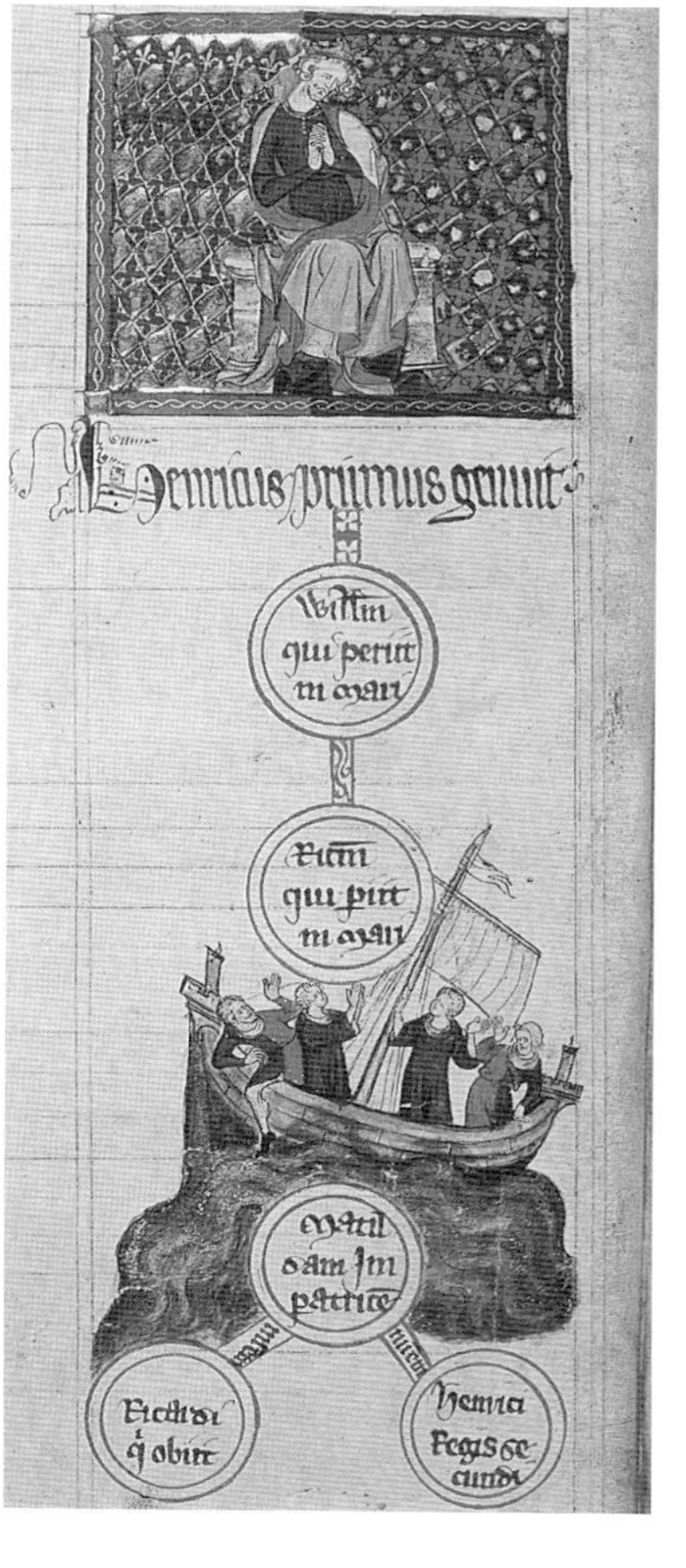

ブランシュ・ネフの遭難
ヘンリー１世皇太子ウィリアムの乗ったブランシュ・ネフ号が、岩礁にぶつかり難破する様子が記された写本。上部にはヘンリー１世が、長男の死を嘆き悲しむ姿が描かれている

ダ王女だけになった。マティルダが夫と死別すると、ヘンリー王はすぐに娘をイギリスに呼び戻した。この時のマティルダは二五歳ほどで、ハインリヒとの間に子はなかった。王はマティルダを、八歳ほど年下のアンジュー伯爵ジョフロワに嫁がせた。マティルダは、背が低くてがにまたで歩き、そばかすだらけの四角な顔をしたジョフロワを嫌ったが、結婚してから六年後の一一三三年、長男（のちのヘンリー二世）を、その後、次男ジョフロワを産んだ。

　ヘンリー一世は行政手腕に優れ、王国の行政機関の機能性を高めた。各州に一人ずつ長官を任命し、租税の徴収権と裁判の権限を与え、民事裁判《コモンロー》の礎を築いた。またウィンチェスターの法院の大広間に、白と黒のチェックの布を覆った机を置き、そこで年に二度、復活祭と聖ミカエル祭に、地方長官が会計報告をする制度を設けたが、やがてこの制度がエクスチェッカー(Exchequer)、つまり財務省の名前の発祥となる。

　アングロ・サクソン年代記作者はこう記している。

「ヘンリー一世は正直者で、強い畏怖の念を人に抱かしめた。その治世中は、他人に対して、あえて不正をはたらこうとするく者はひとりとしていなかった。王は人間にも家畜にも平和をもたらした。かくて、金や銀の荷物をもって王国内を移動する者に対し、親切な言葉をかける以外のことをあえてした者はひとりもいなかった」

　一一三四年、ヘンリー一世は自分の最期が近いのを悟ると、高位貴族たちを召集し、マティルダと一歳になる孫ヘンリーに忠誠を誓わせた。イギリスでは女性の王位継承を排除する古代ゲルマンの「サリカ法典」を採用しておらず、したがって女性の王位継承が認

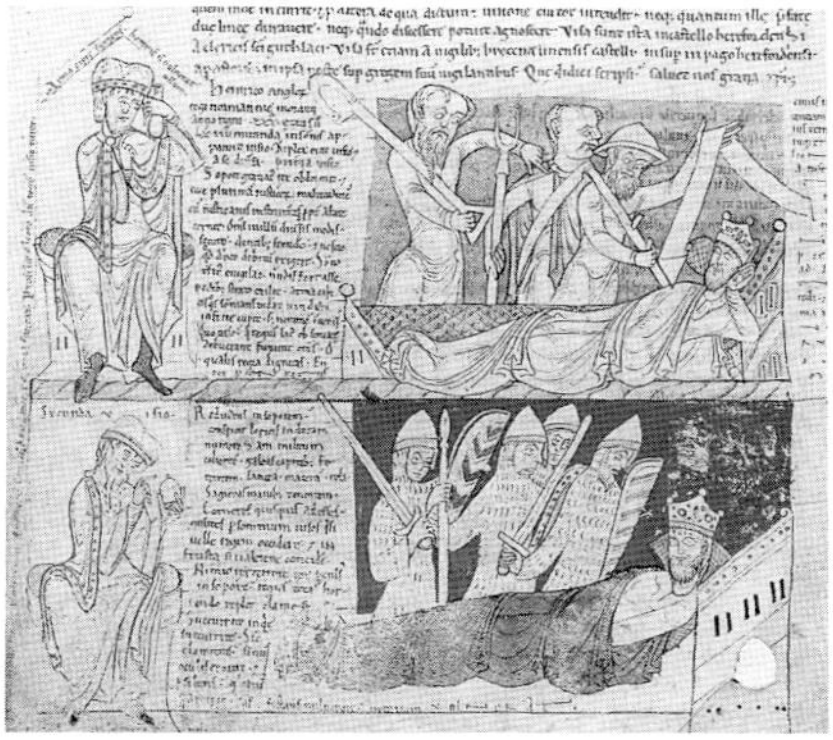

[上]エクスチェッカー　図は15世紀、ヘンリー6世当時のエクスチェッカー（財務省）。ヘンリー1世によってつくられた制度は後々まで継承された。
[下]ヘンリー1世の悪夢　豪族の反乱、戦争、宗教問題など王権を脅かす諸問題がたびたび夢に現れ、ヘンリー1世は、悪夢に悩まされた。図は王の死後まもなく製作された年代記のもの

められているものの、高位貴族たちがマティルダの王位継承に危惧を抱くのではないかと心配したうえでのことであった。

翌年、ヘンリー一世はフランスのリヨンの森で狩りを楽しんだ後、好物の八つ目ウナギを食して一週間苦しんだあげく、一一三五年一二月一日に、亡くなった。享年六七歳ほどだった。

ヘンリー王が息を引き取ると、マティルダに真っ先に忠誠を誓ったはずのいとこ（ヘンリー一世の妹アデラの息子）ブーローニュ伯爵スティーヴンがいち早く海を渡って議会を掌中にし、一二月二五日、彼の名前の由来となった聖ステファノの日に戴冠した。ヘンリー一世の娘マティルダは激怒し、この日から、一三年間にわたる激しい王冠争いがくり広げられ、国土は荒廃する。

スティーヴン王　ノルマン王家最後の王で、イギリスを無政府状態に巻き込んだ

スティーヴン王と皇妃マティルダ

マティルダは神聖ローマ皇帝の妃として一一年の間、ドイツで贅沢な日々を過ごした後に帰国し、再婚してからも自分を皇妃と呼ばせた。マティルダは長身で姿勢がよく、いまや女盛りのまっただなかにいた。大理石のように耐久力があり、いつも豪華な装いに身を包み、氷のように冷やかな視線は人びとをたじろがせた。気性は激しく頑固、皮肉な性格で、誇り高く、政治に常でない興味を抱いており、巷では「女という衣をまとう男」と恐れられていた。

一一三九年九月二二日、スティーヴン王（一〇九七―一一五四）への怒りに燃えるマティルダは、兵を率いて海を渡り、ポーツマスに上陸した。ヘンリー一世の庶子、マティルダには異母兄にあたるグロスター伯爵ロバートが、一五〇〇人の兵士を連れてマティルダ軍に身を投じた。二年に及ぶ戦闘の末に、スティーヴンはマティルダに屈服し、リンカンで捕虜となって、ブリストルの牢に幽閉された。

ウィンチェスターに入城したマティルダは「イギリス女王」を宣言したが、戴冠できなかった。教会と仲違いし、また峻厳で冷酷な性格のために、多くの支持者が王側に寝返ったからである。支持者たちはマティルダが「皇妃のように振る舞うのは耐え難い」と言い合った。やがてグロスター伯爵が王軍の捕虜となり、伯爵の釈放と引き替えにスティーヴン王を釈放する羽目に陥る。マティルダは悔し涙にくれ、失意のうちに夫の実家アンジューに帰り、王冠をかけた戦いを長男ヘンリーに委ねた。

一一六七年九月一〇日、マティルダはこの世を去った。墓石には自作の碑文を刻ませた。「ここにヘンリー王の娘が永眠する。妻にして母。生まれは高貴にして、結婚により高貴さをいや増し、母になることによってもっとも高貴なる者となる」。

皇妃マティルダ　1102–67年。ヘンリー1世の娘として、いとこにあたるスティーヴン王と王権を巡る激しい内戦をくり返した。マティルダを意味するサクソン語「モード」の名で呼ばれることもある

column

マティルダ皇妃と推理小説

先ごろ亡くなったイギリスの推理小説家エリス・ピーターズは、マティルダ皇妃とスティーヴン王が王冠をめぐって争う時代を背景に、シュルーズベリー修道院のカドフェル修道士が次々に奇妙な殺人事件を解いてゆく物語シリーズ二一編を書いている。十字軍兵士として活躍したカドフェルの過去と、彼の薬草の知識が殺人事件を解く鍵になっており、アガサ・クリスティーの作品とは異なる面白さがあり、一冊読むと病みつきになる（『修道士カドフェル・シリーズ』光文社文庫）。

III プランタジネット王家

冬のライオン ヘンリー二世

the Plantagenets

金雀児の枝の王子

アンジュー伯爵ジョフロワの祖先エティエンヌは、戦いの時にプランタ・ゲニスタ、つまり、金雀児《えにしだ》の小枝を兜に飾って出陣するのを常としたために、ジョフロワ・プランタジュネ（英名・プランタジネット）と呼ばれた。

マティルダがアンジューに逃げ帰ってからほぼ六年後の一一五三年一月、二年前に父を亡くし、アンジュー伯爵となったマティルダの長男ヘンリー王子は、スティーヴン王を倒すために、一大艦隊を率いてバルフルール港を出航し、英仏海峡を渡った。

ブリストル港に上陸するやいなや、祈りを捧げるために教会に歩を向けた。教会に近づくと、澄んだ調べが聞こえてきた。「……神よ、御照覧あれ、あの方がこられました。我らの王にして支配者となられる方がこられました……」。ヘンリーは体中に力がみなぎるのを感じた。スティーヴン王の評判がかんばしくないことを暗示していたからである。

スティーヴン王は恰幅《かっぷく》がよく立派な顔をし、屈託がなく寛容、勇敢で気性が激しいが移り気だった。一二世紀マームズベリー（コッツウォルズ南部の町）の歴史家ウィリアムはこう言っている。「精力的だが判断力に欠ける。混乱時には最上の力を発揮し武者ぶりをみせるが、敵に対しては穏和で、誰にでも親切にする。約束をすることには長けているが、その約束を守る力はない」。要するに、武人としては優れているが、人を束ねる力がないということだ。

ヘンリー軍が圧倒的な強さをみせてスティーヴン軍を牽制したために、王は弱気になった。マティルダ親子との内戦の間に、黄色い頭髪には白いものが交じり、屈託のない顔にも不安と気苦労のしわが刻まれていた。即位以来の年月のすべてを、破壊的な戦いに費やしてきたのだ。そこに突然、若さで煌めく勇士が現れた。

スティーヴンは戦う気力を失い、カンタベリー大司教に和睦の仲介を依頼

アンジュー伯爵ジョフロワ４世　1113–51年。ヘンリー２世の父。1128年に父から領土を譲られアンジュー伯となる。マティルダ妃がイギリス王位継承を主張する一方で、長年の敵であったノルマンディー攻略に成功する

する。しかしこのままでは、スティーヴンが敗北のかたちとなるため、不利になる。この和睦に反対したスティーヴン王の息子ユースタスは、大司教の領地ベリー・セント・エドマンズに乗り込み、教会、貴族の館、農家、民家などを焼き払ったばかりか略奪に血道をあげた。しかし、戦勝に酔い痴れる最中、食したウナギにあたって中毒死してしまう。

　息子を失ったスティーヴンは、ヘンリーを後継者と認めた。一年後、スティーヴンは死去し、ヘンリー二世（一一三三—八九）がウェストミンスター寺院で戴冠した。

アンジュー帝国

一一五二年に、ヘンリー二世は南西フランスに広大な領土をもつアキテーヌ公女エレアノール（一一二二—一二〇四）を妻に迎え、フランス王ルイ七世の領土をはるかに凌ぐ大領主となる。エレアノールはもともとルイ七世の妃だったが、娘二人しか生まれず、フランス王は若い王妃をもらって、後継者をもうける必要に迫られた。エレアノールのほうも僧侶のような王に愛想をつかしており、夫妻はローマ教皇に訴え、結婚を解消してもらった。

　それからわずか数週間後、エレアノールはアンジュー伯爵ヘンリーと電撃結婚し、全ヨーロッパを震撼させた。エレアノールのもつ広大なアキテーヌ領が誰の手に渡るかで、ヨーロッパの勢力図はがらりと変わるからである。

　エレアノールと結婚したことにより、ヘンリー二世は、北はスコットランドとの境から、南はピレネー山脈のふもとにまで及ぶヨーロッパ一の広大な領土の主となった。人びとは、この領土を「アンジュー帝国」と呼んだ。

　もはや子を産む能力はないと思われてフランス王室を去った二九歳のエレアノールだったが、一一歳下のヘンリーと結婚すると毎年のように子を産み、五男三女をもうけた。一人を除いて全

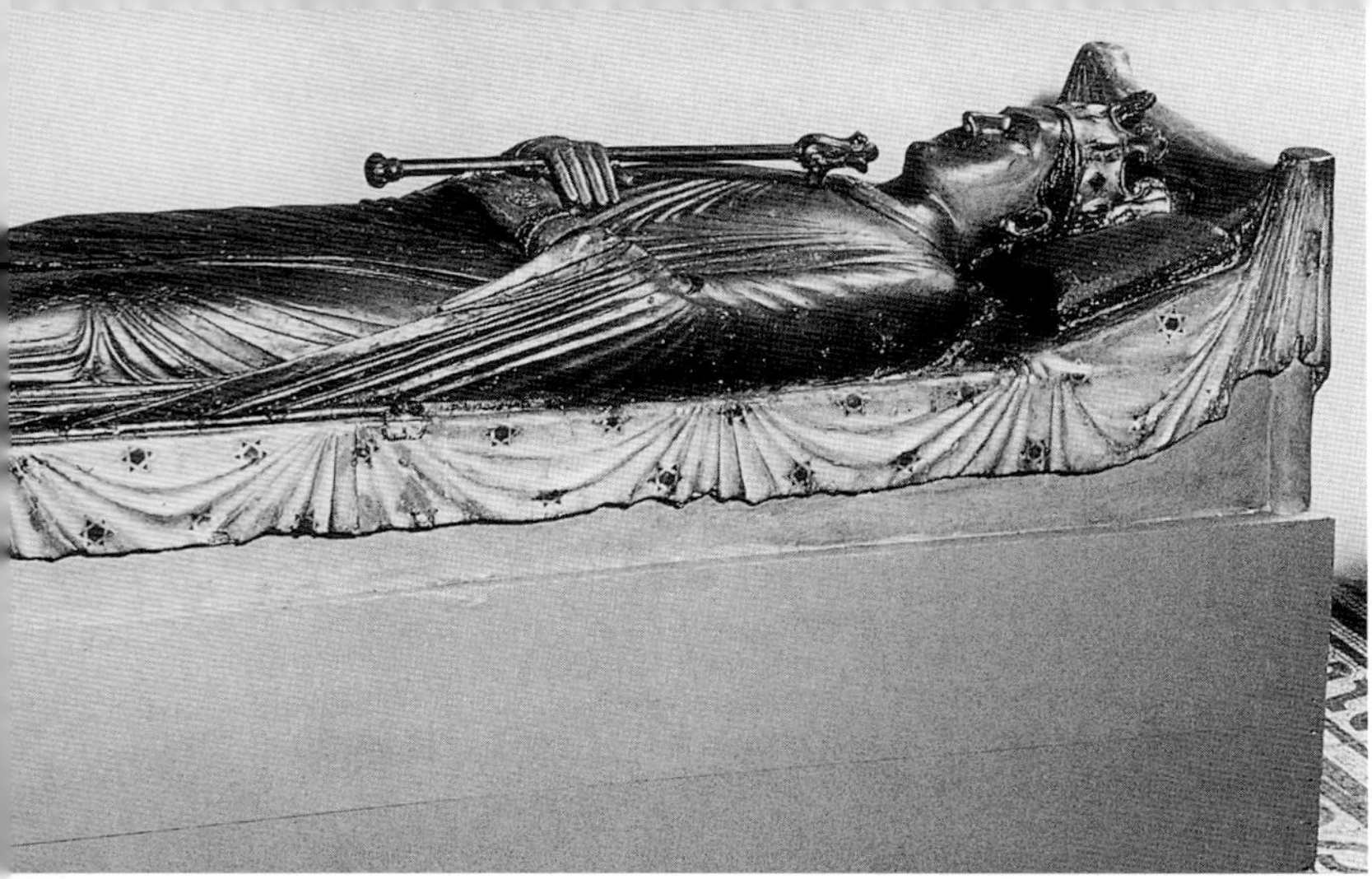

ヘンリー２世の墓　フランスのフォントブロー修道院の墓に据えられた横臥像。隣にはエレアノール妃が葬られている

員が成人した。

「アンジュー帝国」建設に心血を注ぐヘンリーとエレアノールは、ひとつの目標に向かって作動するハンマーと鉄《かな》床《とこ》にたとえられた。英仏海峡をまたがる広大な領土を統治するのには、ヘンリーとエレアノールの二人の主を必要とした。ふたりの野望は一致していた。それは諸侯のもつ自生的な権力を王冠の下に置き、中央集権国家を形勢することである。

内戦で荒廃したイギリスを復興するために、ヘンリー二世は王国のすみずみまで動き回った。いつでも移動できるように、乗馬に適した短い上着を着用しており、「短いマントの王」と呼ばれた。片時もじっとしていられないヘンリーは、馬に乗っている時や、食事のほか決して腰をおろさず、礼拝中でもそわそわ歩き回っていた。眠っている時以外は、動くのをやめなかったが、その眠りさえもあまりとらなかった。ヘンリー二世の年代記作者であるブロワ出身のピーターはこう記した。

プランタジネット王家1

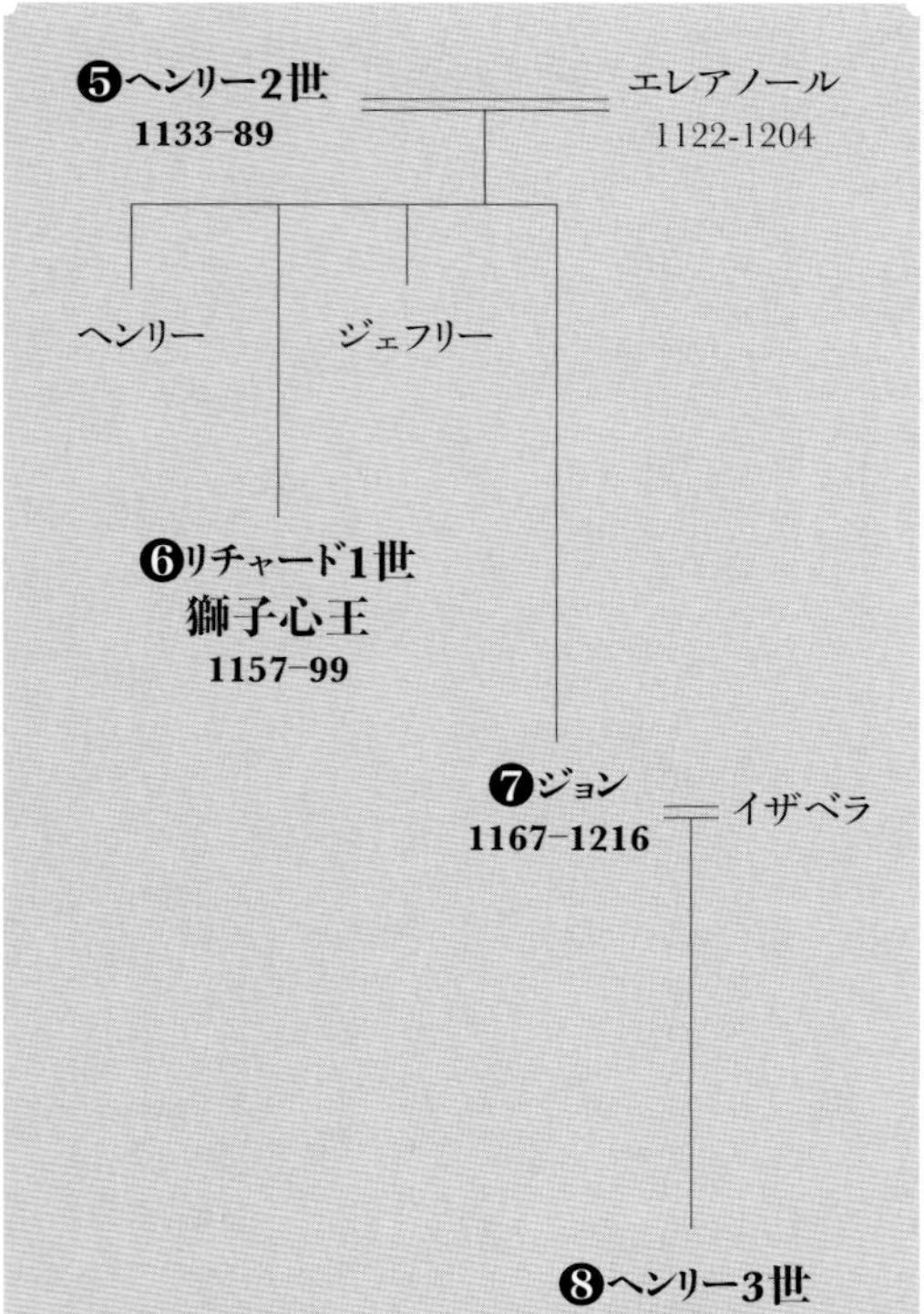

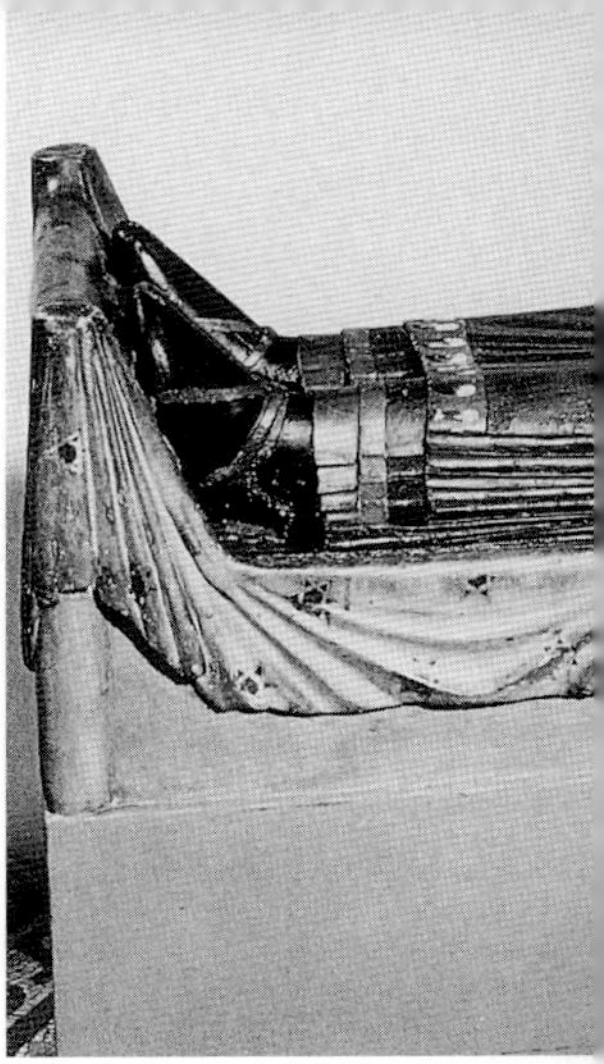

「もし王が、明日はかくかくの町に向けて早朝出発すると仰せられれば、王が昼まで寝ておられることはしょっちゅうだ。もし王が、ここに数日間滞在すると宣言されるなら、夜が明けると同時に必ず出発される」。

ヘンリーは野性的で荒々しい気性で「火山のごとき力の持ち主」、獲物を狙う猟犬のように敏捷な反面、驚くほど高い教養と人を魅了するすべを身につけていた。ラテン語のみならず、フランスからシリアのヨルダン川に至る国々の言葉に精通していた。本拠地アンジェには、ほかのどの都市にも勝る立派な学校や教会が立ち並び、学僧が宮廷に自由に出入りしていた。王国の中央集権化は、前代未聞の活動家の王を得て一気に進む。

王妃の反乱

エレアノールは末子ジョンを身ごもるまでは、ヘンリー二世の力強い伴侶だったが、夫がロザムンドという名の若い女性を寵愛し、王妃のように扱うのに腹をたて、子どもたちを連れて実家のアキテーヌに戻ってしまった。そして息子たちに、かつての夫ルイ七世に臣従の誓いをさせ、父に造反させた。一一七三年に起きた父と子の戦いは父の勝利に終わり、エレアノールは幽閉された。しかし、一五年後、息子たちは父に逆襲した。

反乱の徒の名を記した名簿に、ヘンリーが溺愛したジョン王子の名を見つけると、父はがっくりと肩を落とした。そしてウィンチェスター大聖堂の壁に描かれた、四羽の鷲のひな鳥が親鳥に襲いかかる絵を思い、「子鷲どもがわしを死に急がしめる」と絶望し、トゥルネのシノン城で亡くなった。五六歳だった。

エレアノールとヘンリー二世の長女

ヘンリー２世当時のイギリス領　ヘンリー２世とエレアノールの結婚によって、イギリスは大陸に広大な領土を得た

マティルダはザクセン公爵ハインリヒに、次女エレアノールはカスティーリャ王アルフォンソ八世に、三女ジェーンはトゥールーズ伯爵レイモンに嫁いだ。そしてエレアノールとルイ七世の長女マリーはシャンパーニュ伯爵アンリに、次女アリックスはブロワ伯爵チボーに嫁ぎ、エレアノールの血はヨーロッパ中の王室に流れてゆく。そのために、エレアノールは「ヨーロッパの祖母」と呼ばれている。

拘束されるエレアノール　1173年、息子たちと起こした反乱に敗れたエレアノールは、夫によって捕らえられ、幽閉された。図は12世紀、セント・ラドゴンド教会（シノン）のフレスコ画で、エレアノールが馬で連れ去られる様子が描かれている

column

ヘンリー二世とトマス・ベケット

一一五五年、ヘンリー二世はカンタベリー大聖堂の主任助祭トマス・ベケットを大法官（国璽尚書兼司法長官）に任命した。王の期待に応えて、ベケットは内戦後の秩序の回復と王権強化に辣腕をふるった。そしてカンタベリー大司教テオバルドが死去すると、ヘンリーはベケットを次のカンタベリー大司教に任命する。その狙いは、ベケットを通して聖職界を掌握することだった。

ベケットは大法官の職を辞し、カンタベリー大司教の地位に就いたが、教会裁判所や聖職者の特権を制限しようとする王と対立した。身の危険を感じたベケットは、フランス王ルイ七世に庇護を求めた。ルイ七世の仲介により、ベケットは一一七〇年に帰国するものの、皇太子の戴冠式をめぐって王と再び対立。この年の一二月二九日夜、カンタベリー大聖堂の北西側翼廊で、王の内心を忖度《そんたく》した四人の騎士に襲われ、殺された。三年後、ベケットは聖人に列せられ、カンタベリー大聖堂は巡礼者の群れであふれた。死してなお、ベケットはこの世の権力をもつ王にはめられた轡鎖《くつわぐさり》となった。

ヘンリー２世とベケット
２人がたびたび激しい議論を戦わせた様子が描かれた14世紀の写本

ヨーロッパの祖母
王妃エレアノール

The Plantagenets

リチャード一世獅子心王

ヘンリー二世の死後、王の三男（長男と次男は早世）がリチャード一世（一一五七―九九）として即位した。リチャードはプランタジネット家特有の激しい性格を兄弟の誰よりも強く受け継いでいた。あらゆる慎重さを軽蔑し、冒険を求め、男色に溺れた。「リチャードの生涯はまるで烈しい狂乱の発作みたいなものだった」といわれている。

リチャードが即位すると、エレアノールは、フランスで生まれ育ったため英語がまるでわからないリチャードの補佐をした。英仏にまたがる「アンジュー帝国」の中枢に座り、海峡に艶やかな翼を広げて羽ばたくエレアノールは、「黄金の鷲」にたとえられた。

戴冠式を終えたリチャードはイギリスに一年もとどまることなく、一一九〇年、母にすべてを託して十字軍遠征に身を投じた。十字軍遠征はリチャードの勇気を表す機会となり「獅子心王」と呼ばれるようになる。しかし勇気と同時に、残忍さのために恐れられ、サラセン人（イスラム教徒）たちは子どもをたしなめる時に、「お黙り、さもないと人殺しのリチャードを連れてくるよ」と言って脅かした。

リチャードの帰国を待ちわびる母のもとに、驚くべき知らせが舞い込んだ。リチャードは聖地奪回には失敗したが、聖地を占領したサラセン人の王サラディンと和睦し、キリスト教徒の聖地巡礼の許可を取りつけた。ところが聖地

リチャード１世獅子心王　母エレアノールと共に起こした父への反乱や十字軍への参加など、その生涯は戦いに満ちていた

からの帰途、オーストリア大公レオポルトの捕虜となり、神聖ローマ帝国皇帝に売り渡され、皇帝は一五万マルクという巨額の身の代金を要求した。これは国家の二、三年分の歳入に相当する。リチャードを聖地に送り出すために、既に国庫も王室の金庫も空っぽ同然だったが、エレアノールは身代金集めに奔走した。そして一一九三年暮れ、身の代金を荷馬車に積み、七一歳の高齢をおして冬のアルプスを越えた。翌年の二月二日、聖母マリアのお清めの聖日にリチャードは釈放され、母の胸に抱かれた。

エルサレムを攻める十字軍　リチャード１世が参加した第３回十字軍では、周辺の都市はいくつか奪還したものの聖地エルサレムを取り戻すことはできなかった。最終的にリチャード１世は休戦協定を結び、エルサレムをイスラム教徒の統治下におくことを承認した

　それから五年後の春、リチャードはリモージュ近郊のシャリュ城を攻囲していた。シャリュの農夫がローマ時代のものとおぼしき純金製の祭壇を掘り当て、シャリュ領主エマールに財宝を差し出した。これを聞きつけたリチャードは、王の封土から出土したものは王に属すると主張して、エマールに財宝の引き渡しを命じた。聖地から帰還して以来、リチャードは財政の立て直しに苦しんでいたのである。エマールが財宝の引き渡しを拒んだために、リチャードはシャリュ城を攻めにかかった。

　そして塹壕の様子を視察している時に、弩《いしゆみ》から放たれた矢で肩を射られ、あっという間に壊疽《えそ》が全身に広がり、重篤に陥った。知らせを受けた母エレアノールは馬を飛ばして駆けつけた。リチャードと妻のナヴァール（現在のスペインの一部）王女ベランガリアとの間には子がいなかったため、弟ジョンを次期王に指名し、一一九九年四月六日、肩の傷がもとで世を去った。

花嫁略奪——ジョン王

　ジョン（一一六七—一二一六）は、王子時代からグロスター伯爵の娘イザベラ（生没年不明）に思いを寄せており、めでたくイザベラと結婚した。彼女は、スティーヴン王と戦ったあの勇ましいマティルダの異母兄グロスター伯爵ロバートの孫にあたる。伯爵家はイギリス一の金持ちだった。しかし、結婚後一〇年を経ても子に恵まれず、ジョンはイザベラとの結婚を解消した。

　ちょうどその頃、ジョン王は臣下のルジニャンのユーグの城に招かれた。ジョン王は家中の者に迎えられたが、そのなかにユーグの許嫁、アングレーム伯爵エイマールの娘イザベラ（一一八八—一二四六）がいた。一二歳になったかならずのイザベラは、開花を待つ蕾薇の蕾《つぼみ》のように可憐で愛らしく、ジョンはひと目惚れする。イザベラはアングレーム伯爵の跡取り娘。ポワティエからボルドーに至るアングレームは、アンジュー家の所領の心臓部を占め、戦略上でも重要な地であった。

ついにジョンは花嫁略奪を決行する。まずはユーグを、領地の視察を理由にイギリスに送り出し、その間にイザベラを誘拐し、ユーグとイザベラが結婚式を挙げることになっていた日に、イザベラと電撃結婚をやってのけた。

激怒したユーグはフランス王フィリップ二世（母エレアノールの前夫ルイ七世の息子）に訴えた。フィリップはジョンを追いつめ、アンジュー家の城を預かる城代たちは次々にフィリップに投降し、この戦いでジョンは大陸に所領する土地の大半を失い、「アンジュー帝国」は崩壊した。

ジョン王　ヘンリー２世が得た大陸の領土のほとんどを失った張本人とされる。この不名誉のため、その後のイギリス王室でジョンの名を付けられたものはいない

エレアノール最後の賭け

ジョンに失望していた母エレアノールは、人生最後の賭けに出た。七八歳の高齢をものともせず、ピレネー山脈越えに挑戦し、娘エレアノールの嫁ぎ先カスティーリャ王国を訪れた。そして孫娘ブランカの手を引いて帰国し、フランス王フィリップ二世の皇太子ルイ（のちのルイ八世）に娶《めあわ》せた。この結

王妃エレアノールの墓
フォントブロー修道院に眠るエレアノール。この修道院はエレアノールが晩年を過ごした場所でもある

婚により、かつてエレアノールが戴いていたフランス王妃の冠はブランカの頭上に輝き、エレアノールの血はフランス王室に脈々と流れてゆくことになる。

一二〇四年、ロワール川沿いのソーミュール近くのフォントブロー修道院で余生を送るエレアノールのもとに、アンジュー家の拠点、リチャード獅子心王が建造したノルマンディのガイヤール城が陥落したとの知らせが入る。それから三週間後、エレアノールは静かに目を閉じ、永遠の眠りについた。なすべきことをなし、天国にみまかったのである。享年八二歳だった。

マグナ・カルタ

ジョン王は、ローマ教皇イノケンティウス三世が、ローマ在住の僧侶スティーヴン・ラングトンをカンタベリー大司教に推薦すると、それに反対して大司教職の財産を没収した。教皇はジョン王を破門し、イギリス国内における聖務の執行を禁止する。そのため教会の鐘は鳴らず、死者は埋葬されずに放置され、結婚式も洗礼式も行なえなくなった。教皇はフランス王に、イギリス征伐をもうながした。

こうしてジョンの権威は失墜し、一二一五年、ついに貴族たちは王権を限定し貴族と教会の特権を大幅に認める「マグナ・カルタ」（大憲章）に署名するようジョン王に迫り、追いつめられたジョンは署名した。「マグナ・カルタ」は無拘束な君主制の終焉を意味していた。後世の人びとは、このなかに「国に法あり、共同体に権利あり、国王はこのいずれをも尊重しなければならない。忠誠は義務にあらず、国民は反乱する権利を有する」と読みとった。

翌一二一六年、教皇の後押しを得た

フォントブロー修道院　フランスのロワールにある修道院で、プランタジネット王家の霊廟でもある。信仰深いプランタジネット王家の子どもたちの多くが、この修道院で学んだ。「エヴラウルトの塔」というめずらしいローマ様式の台所があることでも有名。19世紀にはナポレオンにより監獄として使われたこともある（写真提供・amanaimages）

13世紀のイギリス領　35ページの地図と比べると、ジョン王からエドワード1世治世時にかけて、いかにイギリスが大陸の領土を失ったかがわかる

マグナ・カルタ発祥の地　ウィンザー城からテムズ川を15キロほど南下した中州ランミニードで、ジョンと貴族たちによりマグナ・カルタがつくられた。現在は中州ではないが、発祥の地として記念碑が建てられている（写真提供・英国政府観光庁）

マグナ・カルタ　王の権限は制限されたが、「法の権利」「自由主義」をうたう、現在に続くイギリス政治の重要な原点ともなった。現在その原本は4部現存している

フランス皇太子ルイは、妻ブランカがヘンリー二世と王妃エレアノールの孫であるという理由でイギリスに侵攻し、王位を要求した。ジョンは交戦の最中、リンカン州南部のスワインズヘッドで桃とビールを食した後、赤痢にかかって落命した。四九歳前後だったとされる。ジョンの九歳の皇太子がヘンリー三世として即位した。

　イザベラ王妃は息子の即位を見届けるやいなや故郷に帰り、かつての婚約者ルジニャンのユーグと再婚した。幼き日の淡い恋心には消しがたい炎がくすぶっていたと思われる。

column

ウナギが歴史を変える？

マティルダ皇妃の父ヘンリー一世は、八つ目ウナギにあたり中毒死した。多くの庶子をもうけたヘンリー一世は、精力の源が好物の八つ目ウナギにあると信じていた。しかし、その好物に足をすくわれた。スティーヴン王の息子ユースタスもウナギの犠牲となった。ユースタスは、父とヘンリー二世の和睦に反対し、仲介者カンタベリー大司教の領地を襲い、館や教会や民家を焼き払ったあげく、「戦勝」に酔い痴れ、食したウナギにあたり中毒死した。ユースタスがウナギにあたらなかったら、プランタジネット王朝は出現しなかった。

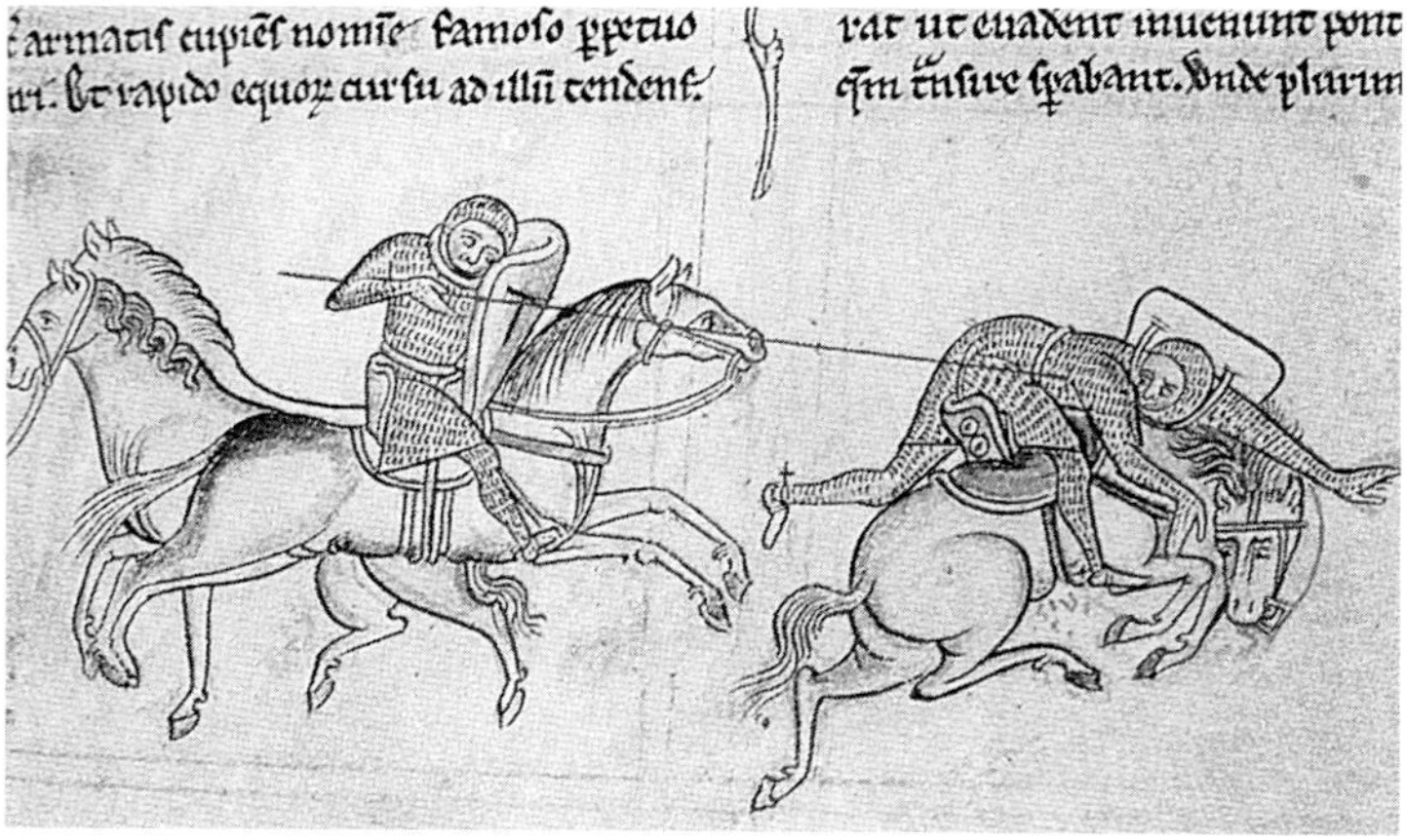

[上]ウィリアム・マーシャル　ヘンリー２世妃エレアノールの護衛として頭角を現し、その後のイギリス王室で辣腕をふるった
[下]13世紀のロンドン　図はジョン王時代に架けられたロンドン橋。のちに火災に遭い、1831年に架け替えられたもの

ヘンリー三世

女難の相

the Plantagenets

王妃への溺愛

イギリスに上陸したフランス皇太子ルイは首都ウィンチェスターを占領すると北上し、ロンドンをも占領下に置き、グロスター大聖堂でイギリス王として戴冠した。イギリスは再び征服の危機にさらされた。

当時、ヘンリー二世の片腕だった八〇歳になるウィリアム・マーシャルが幼王の摂政として政権を握っていた。老臣は優れた騎士としてのあらゆる資質を発揮し、イギリス貴族たちに結束を呼びかけ、教皇に仲介を依頼し、フランス皇太子と渡り合った。機を見るに敏な皇太子ルイは、勝ちの態勢で休

プランタジネット王家2

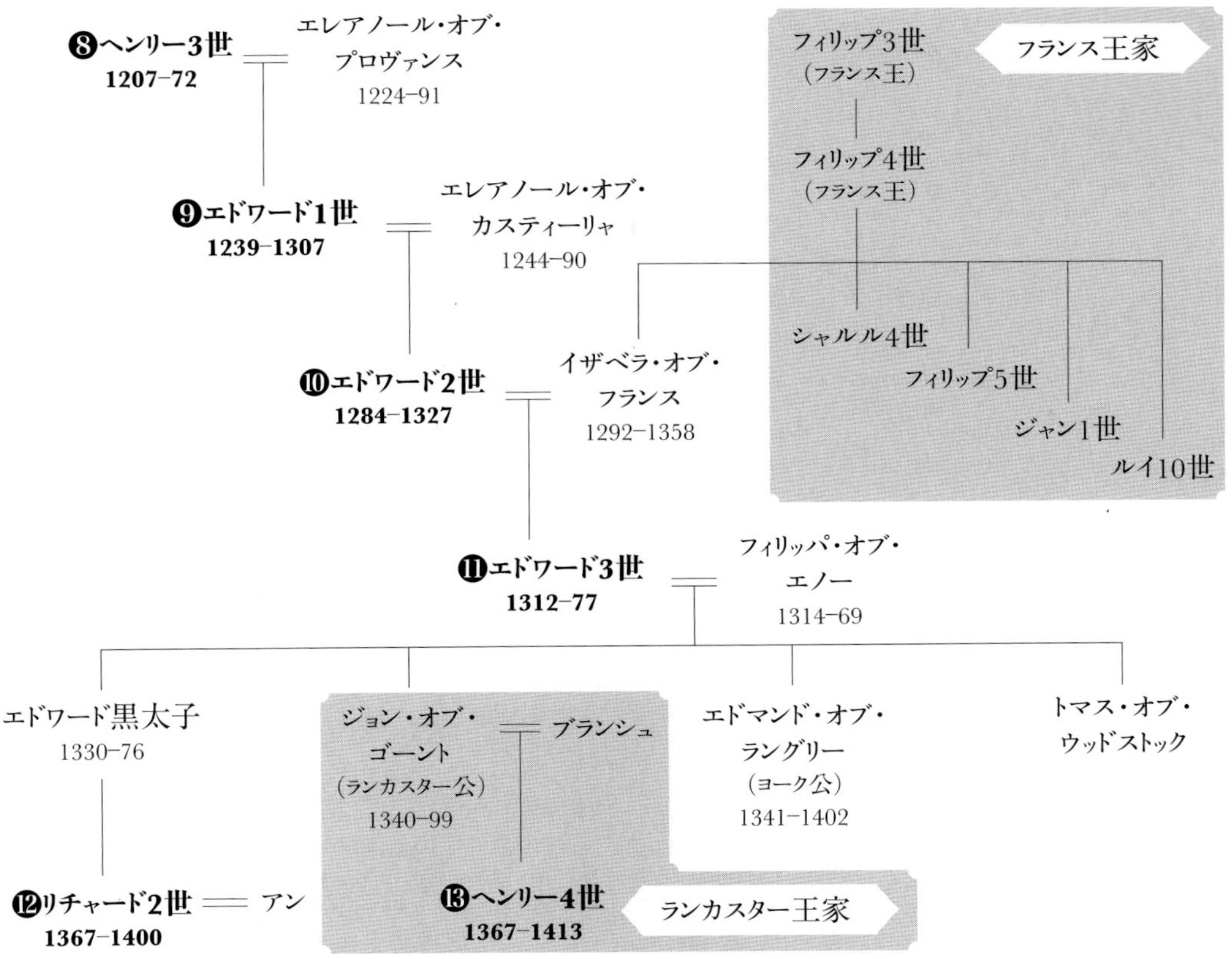

戦条約を結ぶ利得を考え、一二一七年五月、テムズ川沿いのロンドンのランベス宮殿（カンタベリー大司教の宿舎）で、休戦条約に調印し、軍隊をひきあげた。それから三年後、マーシャルは他界し、ジョン王時代からの重臣ヒューバート・ド・バラ（ジョン王の最初の妻、グロスター伯爵の孫イザベラと再婚）が摂政となった。

ヘンリー三世（一二〇七—七二）は信仰篤く、エドワード懺悔王を崇敬していたため、長男が生まれると、懺悔王にちなみ、エドワードと名づけた。イギリス名をもつ初めての王子だった。ヘンリー三世は、ウェストミンスター寺院をフランスのアミアン大聖堂やサン・ドニ修道院に負けない美しいゴシック様式の聖堂にしたいと願い、再建に着手し、聖母マリアの礼拝堂やエドワード懺悔王を記念する礼拝堂などを増築した。

ヘンリー三世はまた、よき廷臣にも、王としての素質にも恵まれていたが、親政に乗り出してからは、王妃を溺愛するあまり失政をくり返す

持参金をもたぬ花嫁

ヘンリー三世は、三〇歳頃、弟のコーンウォール伯爵リチャードから、プロヴァンス伯爵の娘エレアノール（一二二四―九一）のことを聞いた。詩作の才能に恵まれたエレアノールは、リチャードに自作の詩を送ってきていた。ヘンリーはエレアノールの詩を読み、心を動かされた。

プロヴァンス伯爵の貧しさは噂になっていた。伯爵の財産は詩作の才能と、美貌に恵まれた五人の娘だけで息子はいない。ヘンリー三世の使者は、持参金を二万マルク要求したが、伯爵はそれを三〇〇〇マルクに値切った。持参金が原因で、結婚交渉が暗礁に乗り上げていることを知ったヘンリー三世は命じた。「持参金のことなどどうでもよい。早く決着をつけよ」。結局、ヘンリーはほとんど持参金をもたぬ花嫁を迎える羽目になった。

一二三六年一月、ヘンリー三世は、大勢の供を従えたエレアノール姫をドーヴァー港で待ちうけ、カンタベリー大聖堂で結婚式を挙げた。王妃が小さな王冠をかぶる習慣はこのエレアノールに始まる。エレアノールはティアラを九つも持っていた。

王妃とともにイギリス入りした大勢

ヘンリー３世　1216年10月28日、グロスター大聖堂で行なわれた戴冠式

ランベス宮殿　カンタベリー大司教のロンドンでの邸宅。1216年、ロンドンを占領したフランス皇太子ルイとの休戦条約が、ここで結ばれた

のプロヴァンス人たちは、帰国せずに王妃の取り巻きとして居残り、やがて国政にまで口をはさむようになる。宮廷はフランス人であふれかえり、イギリス人たちは「イギリスをイギリス人の手に」と声を荒らげた。

貴族たちの反感

ヘンリー三世は背丈は中くらい、ひきしまった体つきをしていた。片方のまぶたが垂れているために、奥の黒い瞳がよく見えなかった。体軀に精気をみなぎらせていたが、その心は蠟のように溶けやすくて脆《もろ》く、統治の才はまるでなかった。

シモン・ド・モンフォール　1208-1265年。ヘンリー３世による「オックスフォード条例」取り消しに抵抗して1263年に反乱（バロン戦争）を起こし、議会による統治を試みたが、皇太子エドワードに反撃され、戦死した

一二五八年、国王に愛想をつかした貴族たちは、ヘンリー三世の妹エレアノールを妻にした実力者のレスター伯爵シモン・ド・モンフォールをかつぎあげ、武装してオックスフォードに結集し、国王に「オックスフォード条例」の受諾を要求した。国王の暴走を牽制するために、改革委員会に統治を委ねることを定めた条例だった。ジョン王が署名した「マグナ・カルタ」は、ヘンリー三世が承認した「オックスフォード条例」で確認され、王すらも法を遵守しなければならないという考えが根付いた。

翌年、ヘンリー三世の名において議会が召集された。各州から選ばれた二名の騎士と、各自治都市から選ばれた二名の代表が出席し、国政を論じた。こうして、のちの下院の基礎が築かれていく。しかしヘンリー三世がすぐに「オックスフォード条例」の承認を取り消したために、王と貴族たちの間で戦争が始まり、一二六四年、「リューイスの戦い」で、ヘンリー三世とエドワード皇太子はシモン・ド・モンフォールに逮捕された。

一二六五年五月、幽閉の身を脱した二五歳になる皇太子は、再びシモンに戦いを挑む。その年の八月、ウスター州のイヴァーシャムで、シモン率いる貴族軍を破り、シモン以下全員を殺戮し、事実上のイギリスの支配者になった。

一二七二年一一月一六日、ヘンリー三世は病没し、改修中のウェストミンスター寺院に埋葬された。エレアノール王妃はさらに一九年生き延び、六七歳で亡くなった。

ヘンリー三世とエレアノール王妃は仲むつまじく、子どもたちは幸せな家庭生活を味わった。次男エドマンドはランカスター伯爵になり、その曾孫の四代目のブランシュがランカスター公爵家の跡取り娘となり、エドワード三世の四男ジョン・オブ・ゴーントと結婚した。このふたりの間に生まれるのが、ランカスター王家のヘンリー四世である。

騎士道の華 エドワード一世

The Plantagenets

シチリアの冬

　ヘンリー三世が亡くなった時、皇太子エドワードは妃エレアノール・オブ・カスティーリャ（一二四四―九〇）とともに、聖地エルサレムに遠征していた。出発したのは二年前の一二七〇年八月。王子は威風堂々とし、騎士の鑑のような若者だった。背がずば抜けて高く、他の騎士のほとんどが王子の肩までもなかったほどだった。広い額と厚い胸が王子の威信を高めていた。がっしりした長い脚は乗馬に適し、長く太い腕の動きは敏捷で、剣さばきを見事なものにしていた。十字軍に赴く前には金色だった髪は、年を経るにつれ、黒みをおびた茶にかわった。父王に似て、左まぶたがいくぶん傾斜していた。雄弁ではなかったが、熱をこめて語る時は、ひじょうに説得力があった。

　エドワードがカスティーリャ王女エレアノールを妻に迎えたのには、次のようなわけがある。アンジュー帝国はジョン王の時代に崩壊し、残った所領はガスコーニュ地方を含むアキテーヌだけになった。大陸の領土を維持するためには、常にフランス王と交戦していなければならなかった。そのうえで、フランスとは地続きのイベリア半島を制するカスティーリャ・レオン王国の支援を得ることが必須だった。そこで、ヘンリー三世はカスティーリャ王アルフォンソ一〇世に、王女をエドワード王子の花嫁に迎えたいと申し出たのである。旅が好きなエレアノールは、エドワードの十字軍遠征に随行した。

　一二七二年夏、エドワード王子はアッカーを攻め落とした。アッカーに滞在中に、エレアノールは次女ジョアンを産んでいる。この時、エドワード王子が毒殺されかかったが、エレアノールは自らの危険をかえりみず、夫の傷口を吸って毒を出し、命を救ったという。

　帰途に立ち寄ったシチリアで冬を過ごしていると、イギリスに残してきた五歳の長男ジョンと三歳の次男ヘンリーが病気で亡くなったとの知らせが入る。続いて追い討ちをかけるように、父ヘンリー三世の訃報が届いた。勇猛果敢な皇太子が傍目にも痛々しいほど嘆き悲しむさまに、シチリア王シャルル・ダンジューが尋ねた。「お子たちのご不幸を果敢に受けとめられたあなたが、父王の不幸にこれほどお嘆きになるとは思いもよりませんでした」。

エドワードは答えた。「息子たちを失った不幸は、神さまが再び贖《あがな》ってくださいましょう。しかし、よき父を失ったら、神さまは二度とお恵みくださいません」。

エドワードはこのシチリア滞在中に、イギリス王位継承を宣言した。エドワード不在のイギリスでは、不満の声も反対の声もあがらなかった。みなが、エドワードが王としての優れた資質に

[上]騎士道　中世ヨーロッパにおいて、騎士たちが従うものとされた規範。図版は最初のガーター騎士ウィリアム・ブルージュについて15世紀に書かれた本に掲載されたもの

[左]エドワード1世　戦いに明け暮れ、すぐれた騎士として名をなした一方、ウェールズ平定時などに残虐な顔を見せることもあった

エドワード1世妃エレアノール　エレアノール妃は黒髪で、ひじょうに美しい女性だったといわれている。心臓はリンカン大聖堂に、遺体はウェストミンスター寺院に納められている

恵まれていることを知っていたからである。エドワード一世（一二三九―一三〇七）となった皇太子の一行が帰国したのは、即位宣言から二年後の一二七四年だった。

プリンス・オブ・ウェールズ

エドワード一世の野心はウェールズを平定し、スコットランドを征服することだった。スノードンの群山が象徴するように、ウェールズの地形は荒涼とし、人を寄せつけない峻厳さがある。険しい自然に似て、ウェールズ人はケルトの血を誇りにし、勇猛果敢、イギリス王に膝を屈することを潔しとせず、臣従の誓いも拒んでいた。一二七七年、エドワード一世はウェールズ平定に乗り出し、君主ルーアリン・オブ・グリフィスを破り、ウェールズを掌中にした。

翌年の春、新築したばかりのカナーヴォン城で、エレアノール王妃は男子

カナーヴォン城　ウェールズ平定後の1322年に、エドワード1世の命によって築城された。現チャールズ皇太子のプリンス・オブ・ウェールズ叙任式もここで行なわれた（©Visit Britain）

エドワード1世の議会　エドワード1世は中央の玉座に、右端にヨーク大司教、左端にカンタベリー大司教。手前の議席には左に司教たち、右に議員たちが座った

を産んだ。子は父にちなみエドワードと名づけられる。エドワード一世はウェールズ人の乳母を雇い、王子を育てさせた。独立不羈のウェールズ人には直属の長に忠誠を尽くす傾向がある。そこで、ウェールズで生まれた王子にプリンス・オブ・ウェールズの称号を授けてウェールズの主とし、王の威令がウェールズに行き渡るようにした。

エレアノールの十字塔
王妃の死を悼み、エドワード1世によって建てられた。写真は、ハーディングストーンに現存する十字塔

エレアノールの十字塔

ウェールズを平定したエドワード一世は、次にスコットランド遠征に野望を燃やし、一二九〇年、軍を率いて北に向かった。王妃もひと足遅れて夫の後を追ったが、リンカン州のグランサム近くまできた時、風邪をこじらせ重体に陥る。エドワード王は遠征を中止し、昼夜を分かたず馬を走らせたが、王妃の最期に間に合わなかった。享年四六歳だった。

エドワードは王妃の心臓をリンカン大聖堂に埋葬すると、遺体をウェストミンスター寺院に移送した。そしてリンカンからロンドンまで、王妃の葬列が止まった十二カ所にゴシック様式の十字塔を建て、王妃の冥福を祈った。ゲディントン、ハーディングストーン、そしてロンドンのウォルサムの三つの十字塔が現存する（ロンドンのチャリング・クロス駅前の十字塔は、一八六三年に再建されたものである）。エドワードは王妃のためにウェストミンスター寺院にも多額の喜捨をした。この喜捨のために、一六世紀の宗教改革時まで三〇〇年ものあいだ、二本の蠟燭が燃え続けた。

エドワードとエレアノール王妃は仲むつまじく、一六人もの子どもに恵まれたが、四男エドワード王子と四人の娘だけが成人した。

エレアノール王妃と死別してから九年後、エドワード王はフランス王フィリップ三世の娘マーガレット（一二八二―一三一八）と再婚し、王子二人をもうけた。長男トマスはノーフォーク伯爵となり、イギリス筆頭貴族のノーフォーク公爵家の祖となる。次男エドマンドはケント伯爵に叙せられ、その娘ジョアンは「ケントの美しき乙女」と呼ばれ、エドワード三世の長男黒太《ブラック・》子《プリンス》と結婚し、のちのリチャード二世の母となる。このジョアンの落とした靴下留めが契機となって、エドワード三世が「ガーター勲章」（五六ページ）を創設した。

一三〇六年、スコットランドで反乱が起き、首謀者ロバート・ブルースがスクーンで王位を宣言した。エドワード一世は老齢をおして北に向かったが、途中で力尽き、引き返した。翌年、王は再び北上したが、国境近くで倒れ、七月七日、世を去った。

史上最悪の王
エドワード二世

The Plantagenets

麗しのイザベラ

エドワード一世の後を継いだエドワード二世（エドワード一世とエレアノールの四男、一二八四―一三二七）は即位から五カ月後、継母マーガレットと海を渡り、フランスへ行った。フランス王フィリップ四世とナヴァール女王ジャンヌの娘で、継母マーガレットの姪イザベラ王女（一二九二―一三五八）を妻に迎えるためである。王女は美顔王の名をもつフィリップの娘だけに、容姿端麗、匂うような美しさをたたえ、「麗しのイザベラ」と呼ばれていた。若く凛々しいエドワード二世の横で微笑むこの一五歳の王女が、のちに「フランスの雌《めす》狼《おおかみ》」と恐れられ、夫を惨殺しようとは誰が予想したであろうか。

イギリスでは、王の寵臣ピエール・ギャヴスタンが摂政として留守をあずかっていた。エドワード二世とともにイギリス入りした王妃イザベラは、ギャヴスタンが夫エドワードとただならぬ関係にあるのを見抜いた。ギャヴスタンはガスコーニュ出身の騎士の息子でエドワードと同い年、一〇歳の時に学友に選ばれた。頭の回転が速く、頓知がきき、軽口やふざけでエドワードを楽しませた。ふたりは兄弟以上に親密になり、それを案じた亡きエドワード一世はギャヴスタンを国外に追放した。しかしエドワード二世は即位するやいなや彼を呼び戻し、こともあろうに、普通は王の長男に与えられるコーンウォール公爵位を与え、宮内庁長官にも任命し、自身のフランス行きに際しては摂政に任命した。貴族たちは怒りをあらわにする。

一三〇八年二月二五日、王と王妃の戴冠式が挙行された。翌月の議会で、反ギャヴスタン勢力の貴族たちは王にギャヴスタンの追放を迫った。やむなく王は彼をアイルランドに追放したが、すぐ舞い戻るのを許したのみならず、姉ジョアンの娘マーガレットを妻に与え、王族に取り立てた。やがて王妃イザベラの周囲には、王の従兄のランカスター伯爵トマスを中心に、反ギャヴ

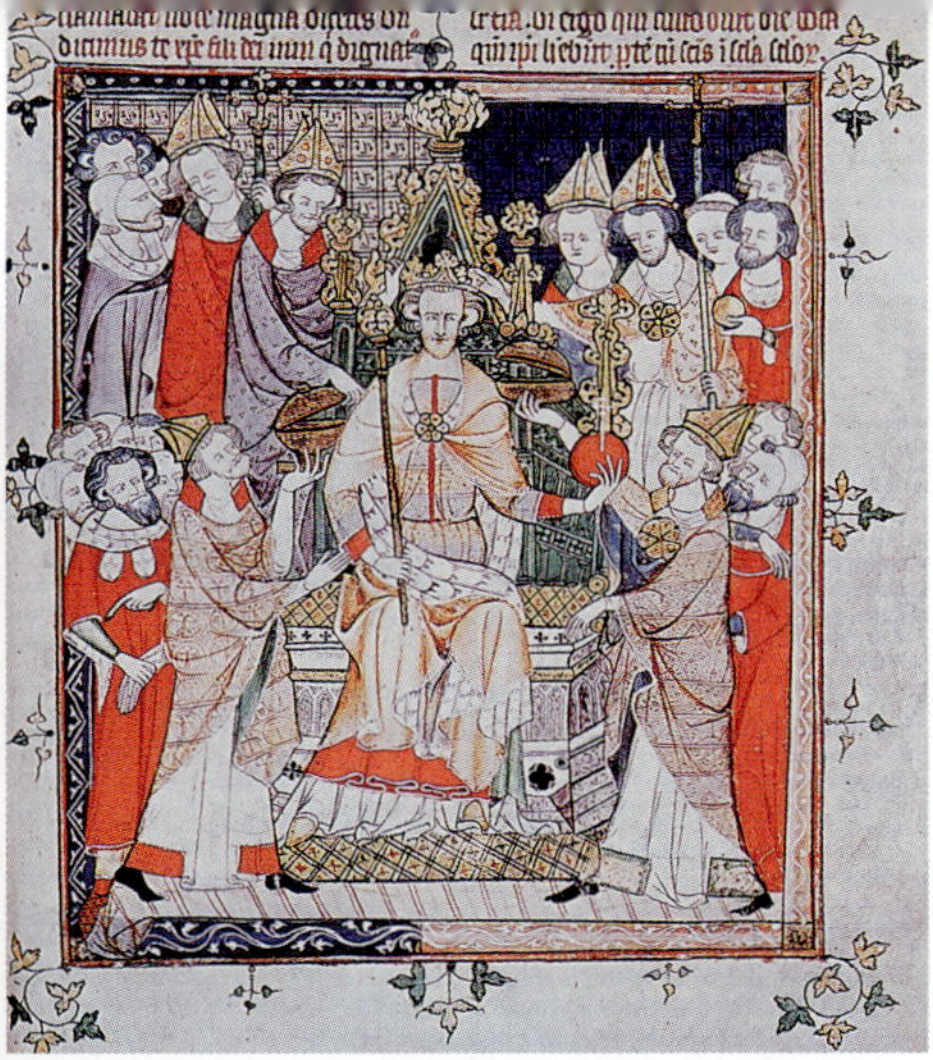

[右上]エドワード２世　1308年２月25日、ウェストミンスター大聖堂で行なわれた戴冠式。エドワードは中央の玉座、周囲をカンタベリー大司教をはじめとした司教、司祭など聖職者たちが囲んでいる

[右]エドワード２世妃イザベラ　既に４歳でエドワード２世と婚約し、16歳になった1308年に結婚式を挙げた。しかしまもなく王妃は夫に反感をもち、王位奪還を企てる。図版は、サフォーク州のハーウィッチ港に上陸したイザベラ王妃（中央）と王妃軍

[上]イザベラ王妃とモーティマー　ウェールズのグラモーガンで、夫エドワードが寵愛するスペンサー伯との戦いに臨む、王妃と愛人モーティマー。この戦いでスペンサー親子は殺害された

スタン勢力が集まるようになる。

ランカスター伯爵は反ギャヴスタンの貴族たちを結集して反旗をひるがえし、王とギャヴスタンを捕らえた。ギャヴスタンはロンドンに護送される途中で、ウォリック伯爵ギー・ド・ピーチャムに拉致され、ウォリックで処刑された。

王妃に殺された王

ギャヴスタンが処刑されてから半年後の一三一二年、イザベラ王妃はすこやかな男児を産み、エドワードと名づけた。母となる喜びを得たイザベラにようやく穏やかな日々が訪れたが、それはつかのまの平和だった。

おぞましい事件が次々と起きた。ギャヴスタンを処刑したウォリック伯爵が怪死をとげ、エドワード一世が征服したスコットランドのスターリングはロバート・ブルースに奪い返された。

エドワード二世は軍を率いて北上したが、一三一四年六月、バノックバーンの戦いで大敗する。追いうちをかけるように、かつてない深刻な飢饉が全国を襲い、王族でさえ日々の食べ物にことかく悲惨な状態に陥った。

飢饉は三年も続いた。この間に、エドワード二世はギャヴスタンの代わりを見つけ、ウィンチェスター伯爵ヒュー・デ・スペンサー親子を寵愛した。同じように親子の権勢は国王をしのぐほどになり、ギャヴスタン時代の悪夢が繰り返されることとなる。

バークレイ城　エドワード２世が幽閉、殺害された城。この城から夜ごと聞こえてくる王の叫び声を聞いた人びとは、その死を悼み近くのグロスター大聖堂に寄付をした。その寄付金は大聖堂の修復に使われたという（©Visit Britain）

イザベラ王妃の父フィリップ四世は一三一四年に亡くなり、イザベラの兄と二人の弟（ルイ一〇世、ジャン一世、フィリップ五世）が次々に即位しては早世し（四三ページ系図）、一三二二年、末弟シャルル四世が王位に即いた。イザベラは弟を頼って海を渡り、皇太子エドワードを呼び寄せると、夫の廃位とスペンサー親子の失脚を狙って精力的に動き始めた。亡命中の反スペンサー勢力を束ねるマーチ伯爵ロジャー・モーティマーを身辺にはべらせ、公然と親密な関係を持ち、イギリス侵略計画を練った。

一三二六年九月、傭兵から構成されたモーティマーに指揮される王妃軍は、イギリス東部のサフォーク州のハーウィッチ港に上陸し、ただちにブリストルに向かい、父親のスペンサーを捕らえて即座に処刑した。同年一一月、ウェールズのグラモーガンで、息子のスペンサーを、エドワード二世とともに捕らえ、息子スペンサーを処刑し、エドワード二世をケニルワース城に幽閉した。

一三二七年の一月、イザベラ王妃によって召集された議会はエドワード二世の廃位を決議し、一五歳になるエドワード皇太子を後継者に選んだ。

エドワード二世はケニルワース城からブリストルの北のバークレイ城に移された。その年の九月二一日、エドワード二世の死去が発表された。遺体に傷跡はなく、肛門から焼け火ばしを差し込まれる拷問を受けた末に亡くなったという。激痛に身悶えする王の叫び声が、夜ごとに城の外にまで聞こえた。

この後、長男エドワードがエドワード三世として即位する。政治はイザベラ王妃と愛人のモーティマーが壟断《ろうだん》した。三年後の一三三〇年、一八歳になったエドワード三世はモーティマーを反逆罪で裁判にかけ、絞首刑に処した。王妃の愛人として栄華を誇ったモーティマーは、一介の悪党のようにロンドンのタイバーン刑場で処刑され、身体を引き裂かれた後、市中を引きずり回された。こうしてイギリス史上、最悪の王の時代は幕を閉じた。

エドワード３世　百年戦争を始めたという政治的な面ほか、イギリス王室の紋章にフランス王室の紋章である百合を加えたことやガーター勲章の創設など、王室史にも足跡を残した。ちなみにフィリッパ王妃は、女性初のガーター勲章叙勲者

百年戦争の英雄 エドワード三世

The Plantagenets

フランスの王位

エドワード三世（一三一二—七七）は母イザベラも幽閉したが、孝は尽くした。母への愛情と憐憫の情もあったが、長生きしてもらわなければならない理由があったのだ。

エドワードが即位した翌一三二八年、母の弟シャルル四世が子のないまま世を去り、亡きフランス王フィリップ四世の弟ヴァロア家のシャルルの子が、フィリップ六世として即位した。フランスでは女性の王位継承は認められていないが、女性が相続権を息子に継承できるか否かについては曖昧だった。エドワード三世はフィリップ四世の娘イザベラの息子である。そこでエドワード三世は、自分にもフランスの王位継承権があり、それはヴァロア家のフィリップ六世よりも優位であると主張したのである。フランスの王位継承権を得るまで、母イザベラには生き長らえてもらわねばならなかった。イザベラは幽閉されてから二八年後に、六三歳で世を去った。

毛織物工業

エドワード三世が妻のフィリッパ（一三一四―六九）に出会ったのは、一五歳の時で、母とともにフランドル（現在のベルギー西部、オランダ南西部、北フランスの一部）のエノー伯爵家に滞在中だった。エノー伯爵ギョームの娘フィリッパは背がすらりと高く、薔薇色の頬をした健康美に輝く女性で、王子はたちまちフィリッパに魅せられる。イザベラ王妃はエノー伯爵に結婚を申し込んだ。王妃の魂胆は、イギリス侵攻に必要な軍資金を富裕な伯爵から引き出すこと。その思惑は的中し、伯爵の資金で傭兵を集めた王妃はイギリスに進軍した。

エノー伯領は、羊毛を輸出するイギリスにとって重要な貿易の相手国。イギリス国民はエノー伯爵の娘フィリッパ王妃を歓迎した。一三三〇年六月、フィリッパはエドワード王子を産んだ。褐色の肌の、健康で美しい子だった。この王子は、のちにフランスとの戦争で武勇を発揮し、身につけた黒い甲冑《かっちゅう》から黒太子と呼ばれることになる。当時、王侯貴族の夫人たちは、母乳で子を育てず、乳母を雇ったが、フィリッパは一二人の子を産み、すべて母乳で育てた。授乳する王妃の姿は、当時流行した「授乳の聖母」の聖画のモデルになった。

祖国が織物工業で繁栄するさまを目にして育ったフィリッパは、イギリスは羊毛を輸出するだけでなく、自国で織り、輸出すべきであると考えた。そして、ノリッジに織物工業組合をつくり、フランドルから大勢の職工をよい待遇で招き、毛織物工業を導入した。人びとはこう言って王妃の業績を讃えた。「エドワード三世とエノー伯爵家のフィリッパ王妃の御世《みよ》はほむべきかな。イギリスに毛織物工業をもたらし

エドワード黒太子　1330–76年。エドワード3世長男。百年戦争中、数々の戦場でイギリスに勝利をもたらし、勇猛な騎士として知られた。しかし戦地で疫病にかかり、父よりも1年早く他界した

クレシーの戦い　百年戦争中の1346年8月26日、ドーヴァー海峡に面したフランスの港町カレー南で行なわれた戦闘。イギリス軍は、フランス軍の約半分の兵隊しかいなかったにもかかわらず、エドワード黒太子（当時16歳）の活躍により大勝利を収めた

た」。

英仏百年戦争の勃発

エドワード三世はフランスの王位継承権を主張したが、戦争をしてまで獲得しようとは考えなかった。しかしフランスはガスコーニュ地方の没収と、フランドル地方の併合を宣言し、ギュイエンヌに侵攻するや、にわかに両国の間に暗雲が立ちこめる。フランドルがフランスに併合されれば、せっかく導入した毛織物工業は廃れ、農民や商人のみならず、毛織物の関税に歳入を依存する王室にとっても死活問題だ。イギリスの商人たちは、フランドルを取られては「商売があがったりだ」と、軍資金用に王に二万袋の羊毛を提供した。フランドルの商人たちも、イギリスと貿易できなくなるのを恐れて軍資金を提供した。

一三三八年一一月、エドワード三世はフランスに宣戦布告した。遠征隊のなかにはフィリッパ王妃の姿もあった。エドワードはアントワープとゲント

ポワティエの戦い　クレシーの戦いと並び、百年戦争においてイギリスが大勝利を収めた戦闘。1356年9月19日、フランス西部のポワティエで行なわれた。左側の鉄仮面をかぶった人物がエドワード黒太子

(仏名ガン)を足がかりに、戦線を展開した。フィリッパはアントワープで三男を(次男は早世)、ゲントで四男ジョンを出産した。このゲント生まれのジョン(ジョン・オブ・ゴーント)の息子が、のちにイギリス王ヘンリー四世となる。

一三四〇年、イギリス軍はオランダ南西のシュロイス沖の海戦で、一三四六年には、ノルマンディ北のクレシーで、一三五六年には、ポワティエの戦いで大勝利した。ポワティエの戦いでは、フランス王ジャン二世(一三五〇年即位)を捕虜にし、イギリスに凱旋した。『英国史』の著者アンドレ・モロワはこう記している。「イギリス全土はフランスからの分捕り品で満たされた。どんな女でもみな何かしらのフランス製の装飾品を身につけていたし、だれもが、リネンとか台つき杯《さかづき》とか戦利品の一部を持っていた」。

この頃、たび重なる遠征の費用を捻出するために、数度にわたって議会が開かれ、ここから本格的な議会制が萌芽する。その一方で、イギリスは一三四九年に襲われた黒死病(ペスト)のために人口が半減し、経済は破綻し、国家的危機に見舞われる。

ガーター騎士団

エドワード三世は伝説の英雄アーサー王とその騎士たちを敬愛し、クレシーの戦いの勝利を祝して、イギリスの守護聖人、聖ジョージへの献身を精神的支柱にしたガーター騎士団を創設した。「ガーター」の名称は次のような挿話に基づく。

「フェア・メイド・オブ・ケント」と呼ばれ、絶世の美女と喧伝されるソールズベリー伯爵夫人ジョアン(エドワード一世と二番目の妃マーガレットの孫にあたる)が、エドワード三世が催した大舞踏会で靴下止めを落とした。それを目にした王は靴下留めを拾い、さりげなく自分の左脚にはめた。それから、好奇の目で眺める宮廷人たちに言った。「これを悪しく思う者には災いあれ」。こうして、「他人の窮地に昂然と立ち向かい、助けることを精神」にし

聖ジョージ教会　ウィンザー城敷地内にある教会で、ガーター騎士団をたたえるために、エドワード4世によって建てられた(写真提供・英国政府観光庁)

た騎士団が生まれた。

勇気と健康と美に恵まれ、多くの子を産んだフィリッパ王妃は晩年には健康を害し、水腫に悩まされた。ついに一三六九年八月一四日、聖母マリアの被昇天の日（聖母マリアが天国にあげられた日）に不帰の人となった。享年五五歳だった。

フィリッパを失ったエドワード三世は悲しみの底に沈むあまり、愛人アリス・ペラーズに溺れ、国政をないがしろにする。その間、カレー、ボルドー、バイヨンヌ、ブレスト、シェルブールなどを除いて、大陸の領土のほとんどをフランスに奪い返された。一三七六年に、黒太子が赤痢のために他界すると、その翌年、エドワード三世は息子の後を追うかのように脳出血で世を去った。一〇歳になる黒太子の息子リチャードがリチャード二世として王位に即いたが、王の叔父たちが摂政の座をめぐって争い、血で血を洗う私闘をくり広げ、国は疲弊し果て、エドワード三世が獲得した大陸の領地は、次々にフランスに奪回される。

column

アーサー王伝説

アーサー王と円卓の騎士たちは実在の人物ではない。だが、宮廷風恋愛や騎士道の理想を映す鏡として昇華されたために、あたかも実在したかのごとく不朽の名を残すことになった。断片的に残るアーサー王伝説の口承を最初に書き記したのは、ヘンリー二世とエレアノール王妃の庇護を受けたジェフリー・オブ・モンマス。ラテン語で書かれた彼の国民的叙事詩『ブリテン列王史』は冒険物語に歴史性を与え、多くの読者を獲得した。現在でも完全な写本が二〇〇種も現存する。すぐにこの作品は、ジェフリー・ゲマールによってノルマン訛りのフランス語に翻訳され、さらに、ジャージーのヴァースによってフランス語で韻文化された。「円卓の騎士」の伝説をとり入れたのは、このヴァースである。エレアノール王妃の宮廷の人びとは、ペルスヴァルとランスロ（のちに英名ランスロット）の冒険、魔術師マーリン、ギネヴィア王妃とランスロの姦通、トリスタンとイズーの禁じられた愛の物語に胸を躍らせ、心を高揚させた。

ヘンリー二世は理想の王アーサーに自分を重ねたが、ヘンリー七世は長男をアーサーと名づけ、チューダー王家はアーサー王の末裔であると吹聴した。スコットランド王ジェームズ六世はイギリス王になると、長男ヘンリー王子をアーサー王の化身だと喧伝して、スチュアート王朝をイギリスの風土に根付かせようとした。

アーサー王伝説を壮大な楽劇『トリスタンとイゾルデ』に仕立てたのは、一九世紀ドイツのリヒャルト・ワーグナーである。『ニーベルングの指輪』四部作は特に有名である。

アーサー王の円卓　ウィンチェスター城内、後世、伝説に基づいてつくられたもの

知性と罵声 リチャード二世

the Plantagenets

ワット・タイラーの乱

リチャード二世（一三六七―一四〇〇）が即位した時、エドワード三世の息子のなかで生き残っていたのは四男ランカスター公爵ジョン・オブ・ゴーント、五男ケンブリッジ伯爵エドマンド・オブ・ラングリー（のちのヨーク公爵）、そして八男グロスター公爵兼バッキンガム伯爵トマス・オブ・ウッドストックの三人である。四男ジョンと八男トマスは敵対しており、摂政には温厚な性格の五男エドマンドが選ばれた。

リチャード二世は優れた知性の持ち主で、「英詩の父」チョーサーや『農夫ピアスの夢』のラングランドを庇護したことで名を残すが、性格が弱く、発作的に行動する性癖があった。即位から三年後、財政が逼迫したために、貧富の区別なく国民からあまねく税を徴収する人頭税を導入する。しかし徴税の段階で、下に重く上に軽い不公平税であることが判明し、各地で暴動が起きた。

一三八一年六月、エセックスの煉瓦工ワット・タイラーに率いられたケントとエセックスの労働者と農民が大挙してロンドンに押し寄せた（ワット・タイラーの乱）。六月一五日、弱冠一四歳のリチャードは、雄々しくもロンドン近郊のスミスフィールドの馬市で反乱軍と対峙した。この時、早まったロンドン市長ウィリアム・ウォールワースがワット・タイラー目がけて突進した。人びとが気づいた時、ワット・タイラーは市長の短剣のひと突きでどさりと馬から落ち、落命していた。

それを見た農民兵は弓を引き絞り、すばやく戦闘態勢に入った。リチャード王は彼らに向かって冷静に言った。「私は王だ。静まれ。おまえたちの要求する自由権を承認しよう」。

反徒たちは歓声をあげながらスミスフィールドを立ち去った。しかし、リチャードは約束を守らず、王命を受けた法務官が州から州をめぐり、各地で血生ぐさい裁判と処刑を敢行した。

[右]ワット・タイラーの乱　1381年6月15日、リチャード2世が反乱軍と対面した折の、ロンドン市長ウィリアムによるワット・タイラーの殺害（左）と、それを見て戦闘態勢に入った反乱軍を鎮めるリチャードが一枚に描かれている

[左上]リチャード2世　1377年6月に戴冠してから最初の1年は、側近たちが政治の実権を握っていた。リチャードが治世をリードする立場となっても、農民たちの反乱や、側近たちの陰謀に悩まされ続けた

ファッショナブルな王妃

リチャードが一四歳になると、花嫁探しが始まった。白羽の矢を立てられたのは、リチャードとほぼ同年の神聖ローマ帝国皇帝カール四世の長女アン王女（一三六六―九四）だった。ワット・

[右上]アン王妃のファッション　アンがもたらしたファッションは大流行した。なかでも髪や衣裳をとめるピンは、それまでイギリス女性が焼き串のような鉄ピンを使っていたこともあり、画期的だった

[上]アイルランド遠征　1394年と99年、リチャード２世はアイルランドに遠征してイギリスの統治下においたが、名目的なものに過ぎなかった

タイラーの乱の翌年、ふたりの結婚式が挙行された。

当時、王室の庇護のもと、オックスフォード大学のジョン・ウィクリフが聖書の英訳に取り組んでいた。聖書から都合のよい箇所を選んで信者を教化してきたカトリック教会は、信者が母国語で聖書を読めば、教会の欺瞞に気づくのではと恐れ、英語訳聖書を禁じていたが、ウィクリフは、聖書こそ信仰と救いの最高の権威であると説く。

アン王妃は花嫁道具のなかに、ラテン語の聖書のほかにボヘミア語とドイツ語の聖書（写本）をしのばせており、ウィクリフは王妃に勇気づけられた。「我らが王妃はラテン語の聖書のほかに、ボヘミア語とドイツ語の聖書を持っておられる。聖書を母国語で読むからといって、王妃を異端ときめつけることができようか。それこそ、馬鹿げた非難だ」。ウィクリフの思想はアン王妃を通してボヘミア（のちのチェコ）に伝えられ、プラハのカルル大学の神学部教授ヨハネス・フスに強い影響を与えた。こうしてルターに先がけ、ボヘミアでプロテスタンティズムが生まれる。

アンはボヘミアから三つのファッションをイギリスにもたらした。額から二本の角が生えたように両脇の髪を高く持ち上げる髪飾りと、髪を留めたり衣裳をつまみあげるための長いピン、それに、貴婦人が優雅に馬に乗るための片鞍である。

リチャード二世は知的で教養あふれる優雅なアン王妃を熱愛し、幸せな結

リチャード２世の廃位
ヘンリー・ボリングブルックに王冠を渡すリチャード２世（右）。シェイクスピアの『リチャード２世』では、この場面での王の嘆きが劇的に描かれている

婚生活を送ったが、子に恵まれず、結婚から一二年後、アンは猛威をふるったペストの犠牲者となった。それから二年後の一三九六年、和平のために、リチャードはわずか七歳のフランス王シャルル六世の娘イザベラ（一三八九―一四〇九）を妻に迎える。

一三九九年初め、子のないリチャード二世に対して、息子ヘンリー・ボリングブルックへの王位継承を強く主張していた叔父ランカスター公爵ジョン・オブ・ゴーントが病没する。叔父の死により、王は広大な公爵領を没収する。

ノッティンガム伯爵モウブリーとの決闘騒ぎから国外に追放にされていた公爵の息子ヘンリー・ボリングブルックは、召し上げられた領地の奪回を誓い、反乱軍を組織した。そして、リチャード二世がアイルランドに遠征している間に、亡命先のパリを出発して、ヨーク州のラヴェンスパーに上陸、北の覇者パーシー一族をはじめ多くの貴族がヘンリー・ボリングブルックに加勢した。ヘンリーはアイルランドから帰還するリチャード二世をウェールズで待ち受け、王をロンドンに連行した。ロンドン市民はヘンリーを歓迎し、リチャードに罵声を浴びせ、ごみを投げつけた。リチャードの稚拙な政治に怒りを覚えていたのだ。ヘンリーはリチャードをロンドン塔に投獄し、議会の推挙を受けてヘンリー四世として即位した。

ヨーク市のポンティクラフト城に幽閉されたリチャードは、一四〇〇年二月一四日、死去した。享年三三歳。死因は不明。餓死説、惨殺説がある。一一歳で未亡人になったイザベラ王妃は帰国し、しばらくして、シャルル六世の弟の息子オルレアン公爵シャルルと再婚した。一四〇九年九月一三日、ブロワ城で男児を産むが、それから数時間後に亡くなった。

IV ランカスター王家とヨーク王家

赤い薔薇 ランカスター家の王たち

The House of Lancaster and York

[上]ヘンリー４世　自らの王位の非正統性と、奪った王位はいずれ奪われるという苦悩に満ちた治世を送った。また、1390年から２年間参加したリトアニア遠征の際に感染した皮膚病も、ヘンリーを苦しめた

[下]ジョン・オブ・ゴーント　1340–99年。ランカスター公。エドワード３世の四男。最初の妻ブランシュとの間に生まれた唯一の男子がのちのヘンリー４世である

王位簒奪者の苦悩 ——ヘンリー四世

ヘンリー四世（一三六七—一四一三）の父ジョン・オブ・ゴーントは、初代ランカスター公爵の跡取り娘ブランシュと結婚し、義父の死後、ランカスター公爵を名乗った。そのため、ヘンリー四世からその孫ヘンリー六世までの時代はランカスター王朝と呼ばれることになる。

ヘンリー四世はあらゆる点で、リチャード二世と対照的だった。リチャードは背が高く金髪に青い眸、繊細な感情の持ち主で、美的感覚に優れていた。宗教心は篤かったが性格が弱く、専政

君主的だった。ヘンリーは美貌からはほど遠く、背は低く、ずんぐりむっくりしていて、変幻自在、自分の得になることとなら、いかなることもやってのけた。

ヘンリーは一四歳の時に、ヘレフォード伯爵ハンフリー・ド・ブーンの跡取り娘、一一歳のメアリーと結婚した。メアリーは七人の子を産むと、一三九四年に二四歳前後で亡くなった。妻と死別したヘンリーは大陸をめぐるグランド・ツアーに出かけ、ヴェネツィア、キプロス、エルサレムなどを訪れ、見聞を広めて帰国した。

メアリーを亡くしてからほぼ九年後、ヘンリーはブルターニュ公爵ジャン四世の未亡人ジョアン（一三七〇—一四三七、ナヴァール国王女）と再婚した。ジョアンはジャン四世との間には九人の子を産んだが、ヘンリーとの間には、一人も子が授からなかった。しかしジョアンは母性あふれる女性で、ヘンリーの最初の妻メアリーの子どもたちをわが子のように慈しみ、王家に家庭の温かみを与えた。

ヘンリー５世　ランカスター王家の絶頂期をつくりあげた王。長身で俊敏、勇猛果敢な王として名高い。なお、シェイクスピアの『ヘンリー５世』で描かれた、シャルル６世娘キャサリンとヘンリーの求婚の場面は名場面として知られている

一三九九年、力ずくでリチャード二世から王冠を奪ったヘンリー四世は、たえず謀反に悩まされ、王冠は獲得するよりも維持するほうがはるかに難しいことを身にしみて悟る。晩年のヘンリーはリチャード二世の幻影におびえ、王位簒奪《さんだつ》を後悔した。頭ジラミと皮膚病にも苦しめられる。当時、王の皮膚病はハンセン病と考えられたようだ。一四一三年、脳出血のために亡くなった。ジョアン王妃はそれから二〇年以上長生きし、六七歳で亡くなった。

アザンクールの英雄 ——ヘンリー五世

ヘンリー四世と最初の妻メアリーの長男がヘンリー五世（一三八七—一四二二）として父の跡を継ぐと、ヘンリー四世の時代には互いの内憂のために（フランスは、王弟オルレアン公爵が暗殺され、貴族たちはオルレアン派のアルマニャック党と公爵を暗殺したブルゴーニュ党の二派に分かれて抗争）小康状態にあったイギリ

ランカスター王家とヨーク王家

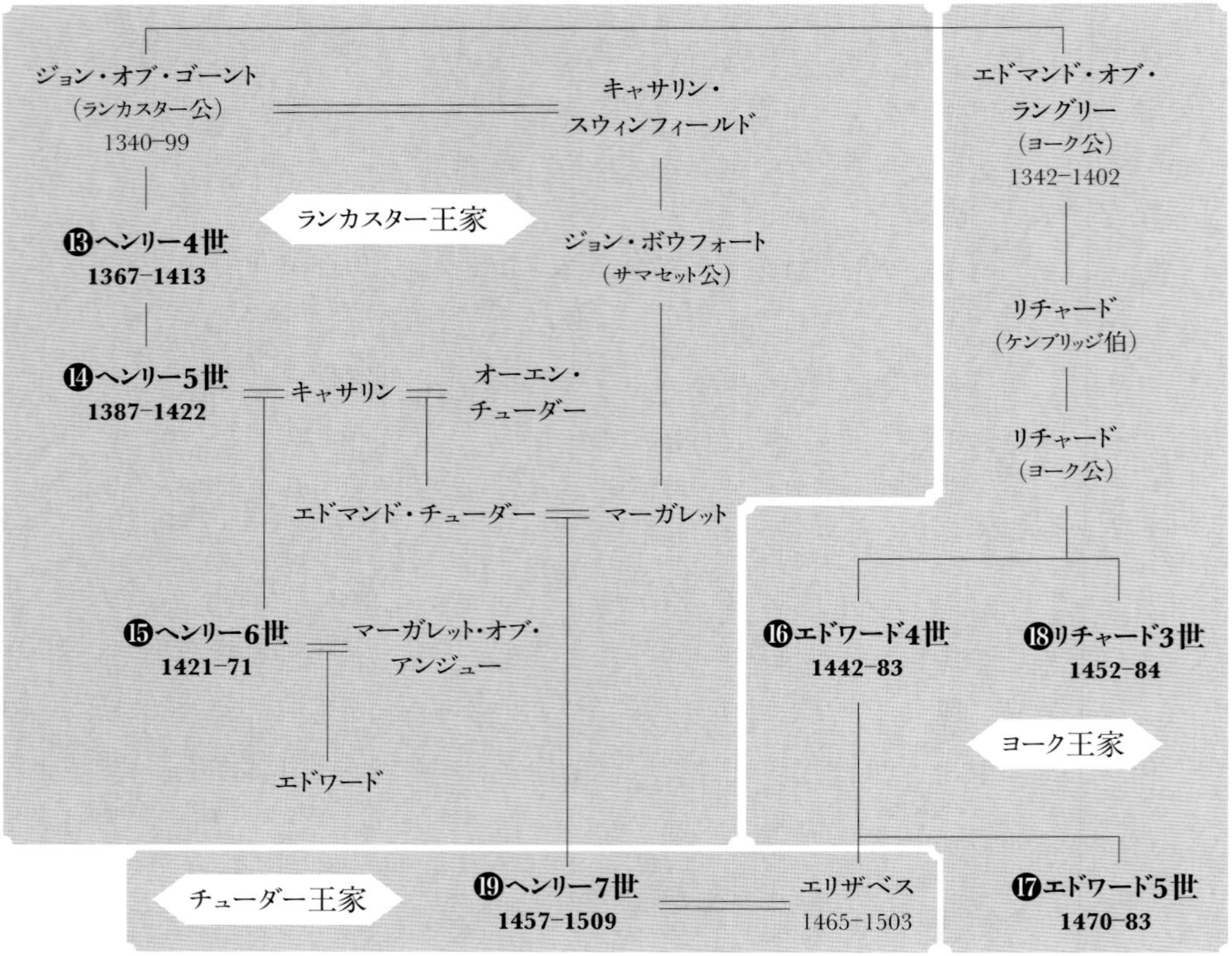

スとフランスは再び戦闘状態に入る。

一四一五年八月、ヘンリー五世は二万の兵士を引き連れて海を渡り、英仏海峡に面するオンフルールを占領した。続いてカレーへ向かう途中の一〇月、アザンクールでイギリス軍の四倍ものフランス軍に迎撃されたが、三時間の戦いの末に勝利し、ノルマンディとアンジューをはじめとするかつての所領を取り戻した（アザンクールの戦い）。

一四二〇年、フランスのトロワで休戦条約（トロワ条約）が結ばれ、ヘンリー五世は占領した地域の保有と、フランスの王位継承権を得、シャルル六世の娘キャサリン（仏名カトリーヌ、リチャード二世の二番目の妃イザベラの妹、一四〇一―三七）を妻に迎え、トロワのサン・ジャン教会での挙式後、イギリスに凱旋した。国民は熱狂して国王夫妻を歓迎した。

翌年、フランス皇太子シャルルがスコットランド軍の加勢を得て大陸のイギリス軍を打ち破った。この戦争で、ヘンリー五世の弟クラレンス公爵が戦死し、フランス軍からも一万人近い戦

死者が出た。一四二一年の一二月、この戦闘の最中にヘンリーは陣地で、キャサリン王妃が男児を出産した知らせを受けた。ウィンザー城で決してお産をしてはならぬと言いつけ、海を渡ったのだが、初めての子がウィンザー城で生まれたことを知り、がっくり肩を落とした。占星術に凝っていたヘンリーは、王妃の出産予定日の頃に、ウィンザー城に不吉な運命がふりかかるとの予言を得ていたのであった。ヘンリーは言った。「我モンマス（ウェールズの南東）生まれのヘンリーは、その統治は短いが、多くを手に入れる。だが、ウィンザー生まれのヘンリーは長い統治の末に、すべてを失うであろう」。

[上]アザンクールの戦い 1415年10月25日、カレー南東のアザンクールで、ヘンリー5世率いるイギリス軍とフランス諸侯軍が激突。イギリス軍は軽装だったが、逆に重装備のフランス軍を翻弄することができ、大勝利を収めた

[右]ヘンリー5世妃キャサリン 1401–37年。21歳で未亡人となったキャサリンは、その後、衣装係のウェールズ人、オーエン・チューダーと再婚。身分違いのため、この結婚は秘密にされた

不吉な予言は的中した。翌一四二二年八月三一日、ヘンリー五世はパリ近郊のボア・ド・ヴァンセンヌ城で赤痢のために死亡した。あまりにも短い人生だった。享年三五歳、暑い気候のために遺体がすぐに腐敗する危惧があり、王の遺体は切りきざまれて大鍋で煮られ、王妃に付き添われてロンドンに移送され、ウェストミンスター寺院に埋葬された。

内乱への序曲——ヘンリー六世

父ヘンリー五世が亡くなった時、ヘンリー六世（一四二一—七一）はわずか九カ月。当然、亡き王の叔父たちが最高権力者の座をめぐって争うことになり、国政は混乱をきわめた。そして大陸のかつての所領を獲得するという危険な夢を四代にわたって追いつづけたイギリス王室のつけは、経済的な疲弊

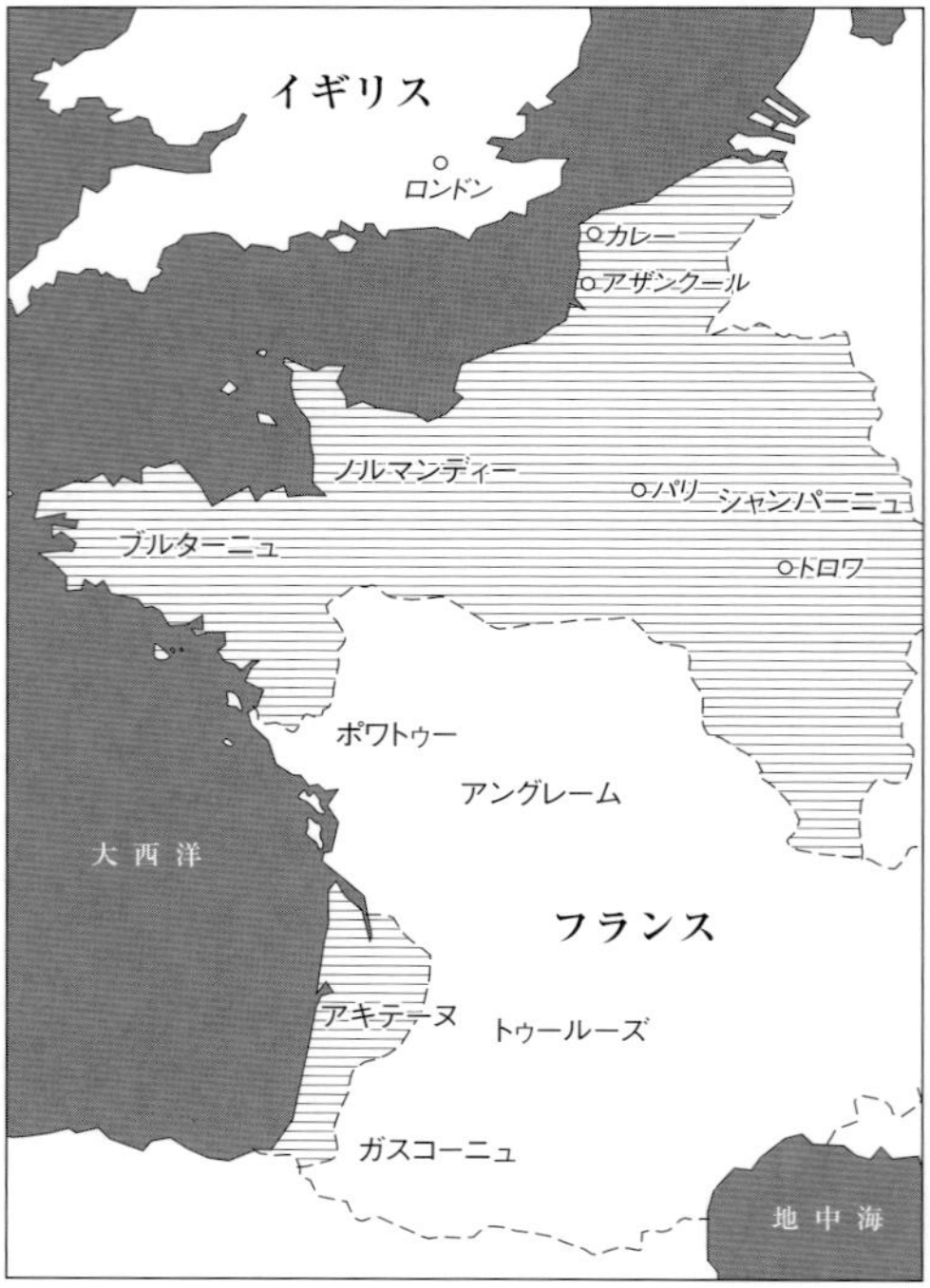

ヘンリー５世時のイギリス領　ヘンリー５世はジョン王による失地を回復した。それもつかの間、カレー以外は再びフランスの領土となった

となって国家に重くのしかかった。イギリスで内紛が起きている間に、ジャンヌ・ダルクに鼓舞されたシャルル七世率いるフランス軍は、ヘンリー五世が獲得した大陸の所領を次々に奪い返し、残るはカレーのみとなった。

ヘンリー六世は、大叔父にあたるオックスフォード大学総長兼ウィンチェスター司教ヘンリー・ボウフォートに養育された。イートン校を創立し、ケンブリッジ大学のキングス・カレッジ

[上]ヘンリー６世とマーガレット　病弱な夫を支えたマーガレットだったが、やがてイギリス全土を巻き込む戦争の火種となっていく。マーガレットが「フランスの雌狼」と呼ばれるようになったのは、シェイクスピアの『ヘンリー６世』によるところも大きい
[下]ヘンリー６世　16世紀に描かれた肖像画。彼の繊細さと精神的な弱さがよく現された一枚といわれている

にゴシック様式の壮麗な礼拝堂を建てるほど信仰篤く、神学と歴史の勉強が大好きだったが、父の武勇のひとかけらさえ受け継いでいなかった。

ヘンリー・ボウフォートは、ヘンリー六世が二三歳になった頃、戦争を終結するために、フランス王室との縁組を探った。当時のフランス王シャルル七世（ジャンヌ・ダルクの助けでイギリスを破った）には、八人の娘がいた。だが、シャルルはアンジュー公爵ルネの娘マーガレット（一四三〇―八二）を推した。マーガレット姫の肖像画が、姫の美しさをたたえる報告書とともに送られてきた。ヘンリー六世は恋の矢に射られでもしたかのようにマーガレットに夢中になり、婚約交渉のための使節団をフランスに送り出した。

一四四四年五月、英仏の間に二年間の停戦協定が結ばれ、ヘンリー六世とマーガレット姫の結婚が成立した。

翌年の一月、花嫁の一行が海を渡った。マーガレットはひと目で、ヘンリーの人柄を理解した。王の顔は美しく、夢見るような憂いのために不思議な輝きを放っていた。不幸な人、病める人に援助の手をさしのべ、その慈善活動は伝説にさえなっていた。しかし今は、君主には知性よりも武勇を、愛よりも残虐さを求める時代。詩人としては優れていても、理想の王からはほど遠かった。

華燭の典からほぼ八年後、ヘンリー王とマーガレットのあいだにようやく子が生まれ、エドワードと名づけられたが、この頃既にヘンリーは精神の異常をきたしており（ヘンリーは狂人と呼ばれたシャルル六世の孫にあたる）、生まれた子を胸に抱いて祝福することさえできなかった。そのために、エドワード王子はヘンリー五世の子どもではない、王妃が不義をはたらいて産んだ子だという噂を、敵対するヨーク家に流された。

薔薇戦争の主戦場　まさにイギリス全土が戦場であったといってもよく、国は荒廃した

薔薇戦争

精神を病む王に代わって政治の舞台に躍り出たのは、王妃マーガレットだ

[上]バーネットの戦い　薔薇戦争中の1471年4月14日、ロンドン近郊のバーネットで行なわれた戦い。この戦いで、王室に権力をもち「キングメーカー」とも呼ばれたランカスター家側のウォリック伯リチャード・ネヴィルが敗死した

[左]テュークスベリーの戦い　1471年5月4日、薔薇戦争終盤の戦いのひとつで、ヨーク軍が大勝し、エドワード4世即位に導いた。ランカスター軍のほとんどが戦場で虐殺された

った。エドワード三世の五男で初代ヨーク公爵エドマンドの孫にあたる三代ヨーク公爵リチャードは王冠を要求したが、王妃は承諾しなかった。このことから、エドワード三世の血を引く者たちは、一四五五年、赤薔薇を記章とするランカスター王家と白薔薇を記章とするヨーク王家に分かれ、王冠をめぐって争い始め、セント・オールバンの戦いで戦争の火蓋がきっておとされる。双方が薔薇を記章としていたことから、この内乱は「薔薇戦争」と呼ばれた。

　ランカスター軍を率いるのは王妃マーガレット。マーガレットは稀に見る勇敢な女性で「フランスの雌狼」と恐れられた。薔薇戦争は三〇年続き（一四五五―八五）、国土は荒廃し、貴族の数は激減した。一四七一年、亡きヨーク公爵リチャードの長男エドワードが王妃軍を破り、エドワード四世として即位した。

　一四七一年五月二一日、ロンドン塔に幽閉されていたヘンリー六世が獄死し、暗殺説がささやかれた。王妃マーガレットはフランス王シャルル七世が身の代金を支払ったおかげで帰国を許され、一四八二年に、ロワール川沿いのソミュール近郊の城館で貧困のうちに亡くなった。晩年は狂った老婆のようになり、イギリスを呪詛し続けていたという。王妃の死後、遺体はウィンザー城のセント・ジョージ礼拝堂に移送され、ヘンリー六世の遺体の隣に横たえられた。

白い薔薇
ヨーク王家の王たち
The House of Lancaster and York

エドワード４世　エリザベス妃との結婚は、妃が敵対するランカスター家の出身だっただけではなく、当時の権力者ウォリック伯リチャード・ネヴィルがとりまとめたフランス王室との縁談を断っての結婚でもあったため、周囲の反感を買った

敵との結婚――エドワード四世

エドワード四世（一四四二―八三）は背がずばぬけて高く、胸幅は広く、顔立ちは整っており、物腰は洗練され、絵から抜け出てきたような貴公子だった。「女のことしか頭になく、女のこととなると理性をなくす」と陰で悪口を言われるだけに、金持ち商人の未亡人、資産家の妻など手あたりしだいに女性をものにした。二二歳の頃、六歳ほど年上のランカスター家の騎士の未亡人で、ふたりの子持ちのエリザベス・ウッドヴィル（一四三七―九二）と恋に落ちた。

騎士だった夫のジョン・グレイが戦死し、領地を剝奪されたエリザベスは幼い子どもたちをかかえて途方にくれ、所領の返還を懇願するために、狩りの途中の王を待ち受けた。エリザベスは二七歳、成熟した女性の美しさをたたえてい

ヨーク王家　左から、エドワード４世次男リチャード、長男エドワード５世、エドワード４世、エリザベス妃、５人の娘たち。カンタベリー大聖堂のステンドグラス

た。

　エドワードはエリザベスに言った。「そちの願いを聞きとどけてやろう。その代わり、わが願いも聞いてほしい。私の愛を受け入れてほしいのだ」。エリザベスは答えた。「わたくしは陛下のしもべでございますから、陛下を心から愛しております」。「そのような意味ではない。私はそちと寝たいのだ」。「わたくしは王妃になるには身分が低すぎますが、愛人になるには誇りが高すぎます」。

　愛を拒まれたエドワードはますますエリザベスに熱をあげ、とうとう一四六四年一月、エリザベスと結婚したが、エリザベスがランカスター家のものだったために、結婚は秘密にされた。五カ月後、秘密の結婚がばれ、身分違いの、しかもランカスター家の騎士の未亡人との結婚は、予想通りヨーク家の騎士たちの神経を逆なでし、ヨーク家の結束を揺るがせた。

エドワード４世妃エリザベス
1437頃-92年。ヘンリー４世妃マーガレットの侍女として王宮に入る。エドワード４世の死後、王未亡人としての年金を剥奪されるなどして、貧困のうちに世を去った

　やがて宮廷は王妃エリザベスの身内の者であふれる。父リチャード・ウッドヴィルは財務大臣の重職を、五人の弟たちも重職に就き、みな貴族に叙せられた。さらに七人の妹は金持ちの貴族と結婚した。亡き夫グレイ卿との長男トマスは、莫大な持参金付きの王妹アンと結婚した。やがて王妃の親戚たちは、国政に口をはさむようになる。エドワード四世の弟クラレンス公爵ジョージとグロスター公爵リチャードは兄に愛想をつかし、自領に閉じこもり、再起の機会をうかがった。

　一四八三年四月九日、エドワードは放蕩の末に命を縮め、四一歳で亡くなった。釣りに出て風邪をひき、肺炎を併発したのが直接の死因である。王弟クラレンス公爵ジョージは、王位を狙った咎でエドワード四世の勘気を買い、ロンドン塔に幽閉されている間、何者かに酒樽に突き落とされ既に殺されていた。首謀者は弟のリチャード（のちのリチャード三世）だとささやかれていた。

抹殺の果ての王位
――リチャード三世

『リチャード三世伝』を書いたイギリス最高の人文学学者トマス・モア（一四七八―一五三五）は、リチャード三世（一四五二―八五）についてこう語っている。「短身で、左肩が右肩よりずっと高く、手足の発達が均衡でない。強ばった厳しい表情、残忍で怒りっぽく、嫉妬深く、生まれる前からつむじ曲がりだった」。最近は、このようなリチャード三世像に対して修正が加えられているが、彼がイギリス史に落とした影は拭い去られていない。

　リチャードは薔薇戦争が始まった時

わずか三歳、父ヨーク公爵リチャードが戦死したときは八歳、一四七一年、最後の薔薇戦争チュークスベリーの戦いで兄エドワード（四世）が王冠を得たときは一九歳と、まさに薔薇戦争のさなかで育った。残忍で機を見るに早いリチャードの性格は薔薇戦争と無縁ではない。

エドワード四世が亡くなると、リチャードは王妃エリザベスの弟リヴァース伯爵アンソニー・ウッドヴィルと、王妃の前夫との長男グレイ卿トマスを逮捕・処刑した。そして、一三歳のエドワード五世とその弟ヨーク公爵をロンドン塔に入れ、議会の推挙を得て、王冠をわが手にした。やがて、ロンドン塔の二人の王子は忽然と姿を消した。

議会の推挙を受けたとはいえ、皇太子を闇に葬り去って得た王位が安泰であろうはずはない。一四八四年、一〇歳になる一人息子を病気で失い、翌年

[上]リチャード3世　シェイクスピアによって戦争と陰謀にかかわったイメージがつくられたが、後世の研究により再評価の動きも出ている。ロンドン塔の2人の王子を殺害したのは、リチャード3世ではなく、力づくで王位についたヘンリー7世であるとの説が有力になっている

[下]トーナメント　リチャード3世の時代に行なわれた、騎士たちの腕を競うトーナメントの様子

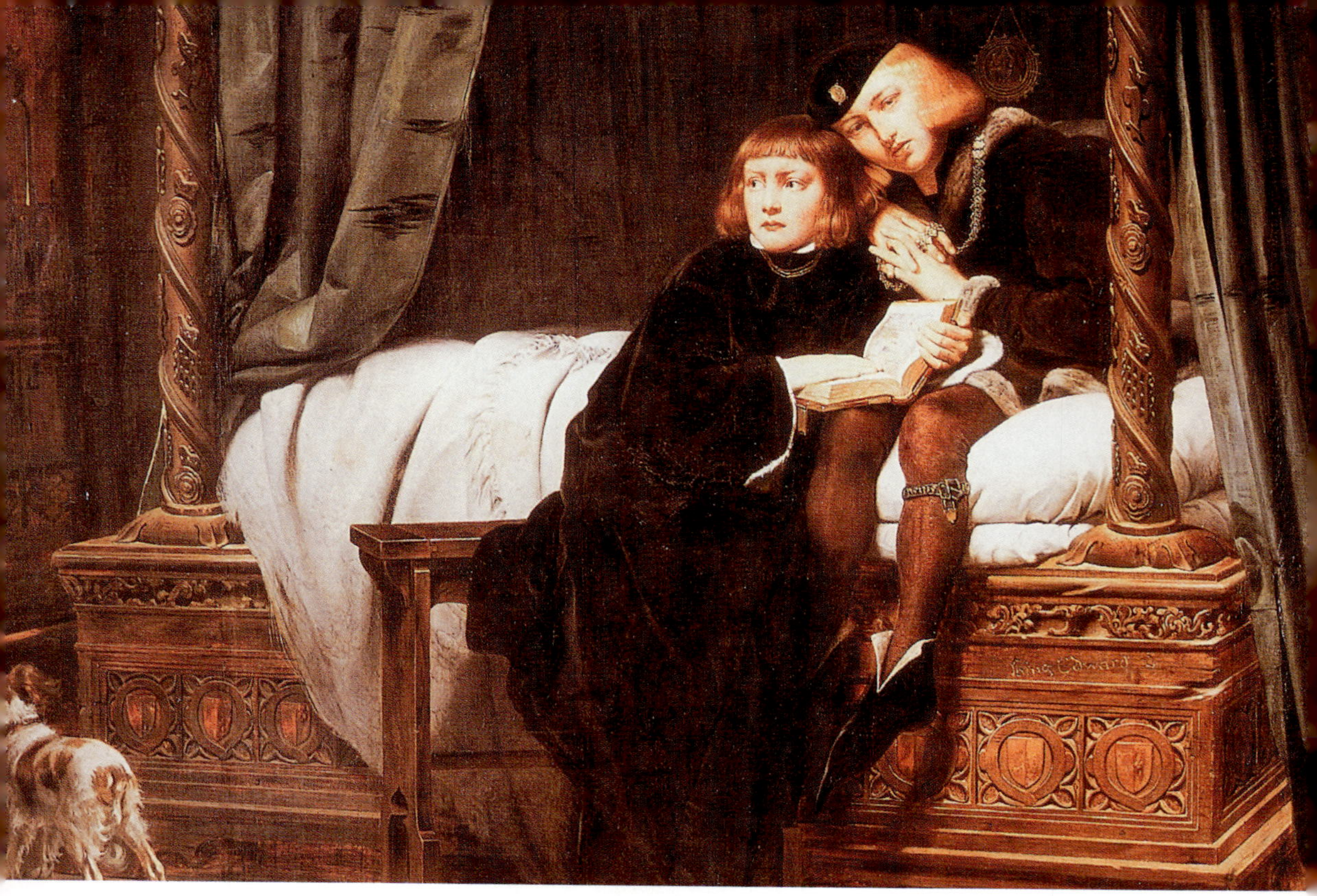

ロンドン塔のエドワード５世とヨーク公リチャード　エドワード４世の死後、二人の王子はロンドン塔に幽閉され、密かに殺された。1674年、ロンドン塔ホワイトタワーから子どもの白骨死体が２体発掘され、ウェストミンスター寺院に埋葬されたが、彼らのものであるか確証はない

には、王妃アンも亡くなる。

後継者を失った王冠に挑戦したのは、ブルターニュに亡命していたランカスター家の最後のプリンス、ヘンリー・チューダー。母はエドワード三世の四男ジョン・オブ・ゴーントの曽孫マーガレット・ボウフォート、父はヘンリー五世妃キャサリンが、ウェールズ人の衣裳係オーエン・チューダーとの秘密の再婚でもうけたエドマンド・チューダー。母マーガレット・ボウフォート自身はジョン・オブ・ゴーントと愛人キャサリン・スウィンフィールドの

ロンドン塔　建物が最初につくられたのはウィリアム１世の時代にさかのぼる。城として牢獄として、イギリス王室の歴史が色濃く刻まれている

血を引く傍系なので、王位継承権はなかった。

一四八五年の「ボズワースの戦い」で、ヘンリー・チューダーはリチャード三世を破り、王冠を獲得した。母の三番目の夫で、リチャード三世の腹心の部下ダービー伯爵トマス・スタンリーが、最後の段階でヘンリー・チューダー側に寝返ったのが勝敗を決めた。若者は、悪い王、弱い王に挑戦する権利がある。王位継承権をもたずとも、バイキング流の「力が王をつくる」という原理はまだ生きていた。

ボズワースの戦い　1485年8月22日、この戦いで長い薔薇戦争にほぼ終止符がうたれた。リチャード3世は討ち死にし、チューダー王朝が開かれた

column

シェイクスピアが描いた王たち

シェイクスピアはイギリス史に深い興味を抱き、『ジョン王』『リチャード二世』『ヘンリー四世』『ヘンリー五世』『ヘンリー六世』(一部、二部、三部)『リチャード三世』『ヘンリー八世』の一〇の歴史劇を世に送った。シェイクスピアは、王位簒奪者が正統の王の影に怯えるというテーマに取り憑かれていたようだ。

ジョン王は、亡き兄ジェフリーの息子アーサー王子から王位を簒奪した王として描かれ、『リチャード二世』と『ヘンリー四世』二部作には秩序と無秩序の主題が濃厚で、暗殺される直前のリチャード三世が太陽のように輝く一瞬の美しさをみせ、ヘンリー四世の栄光に影を落としている。『ヘンリー五世』のなかでも、王位簒奪者ヘンリー四世の息子ヘンリー五世は輝かしい戦功に包まれているものの、早死にし、イギリスを混乱に陥れる。『ヘンリー六世』三部作は、王位簒奪者の末裔ヘンリー六世の世の混乱の極みがあますところなく描かれている。

また『ハムレット』や『マクベス』にも同様のテーマが響いている。ハムレットの父王を毒殺したクローディアスと、ダンカン王を殺害したマクベスは、王位を簒奪した歴史劇の主人公と同じ運命を背負い、人間の心の闇の深淵に踏みこんでゆく。その姿は観客を震撼させずにおかない。

V チューダー王家

The Tudors

六人の王妃 ヘンリー八世

ヘンリー７世 右手にランカスター家の記章である赤い薔薇をもつ肖像画。ランカスター家最後の王子として王権を勝ち取ったが、王位継承権に疑問をもつものも多く、たびたび王位僭称者が現れた

チューダー王家の祖——ヘンリー七世

一四八五年一〇月、ヘンリー・チューダーはヘンリー七世（一四五七—一五〇九）として即位すると、ヨーク家のエドワード四世の長女エリザベス（一四六五—一五〇三）を妻に迎えた。ランカスターの赤薔薇とヨークの白薔薇をひとつに結び、内乱に終止符を打ったのだ。

ヘンリー七世からイギリスの歴史を書くことを依頼されたイタリアの人文学者ポリドール・ウェルギリウスは、王についてこう記している。「朗らかそうな表情は魅力的、とくに話をしておられる時の快活な面は素晴らしい。青い眸は小さい。歯はだいぶ欠けており、黒ずんでいる。髪は薄く、白いものが混じっている。顔色は浅黒い」。

王位継承権をもたない弱みを隠すためか、あるいはチューダー王家に箔《はく》をつけようとしてか、初めての子をアーサーと名づけ、王家は伝説の王アーサーの末裔であると宣言した。また、一五〇一年、アーサー王子の妻にヨーロッパ一の大国スペインから花嫁キャサリン・オブ・アラゴン（アラゴン王フェルナンドとカスティーリャ女王イザベラの娘、一四八五—一五三六）を迎え、ヨーロッパの名家の仲間入りをしようとした。しかし、希望の星だったアーサー王子は結婚後四カ月ほどで悪性の感冒のために死亡し、この企ては水泡に帰

チューダー王家とスチュアート王家

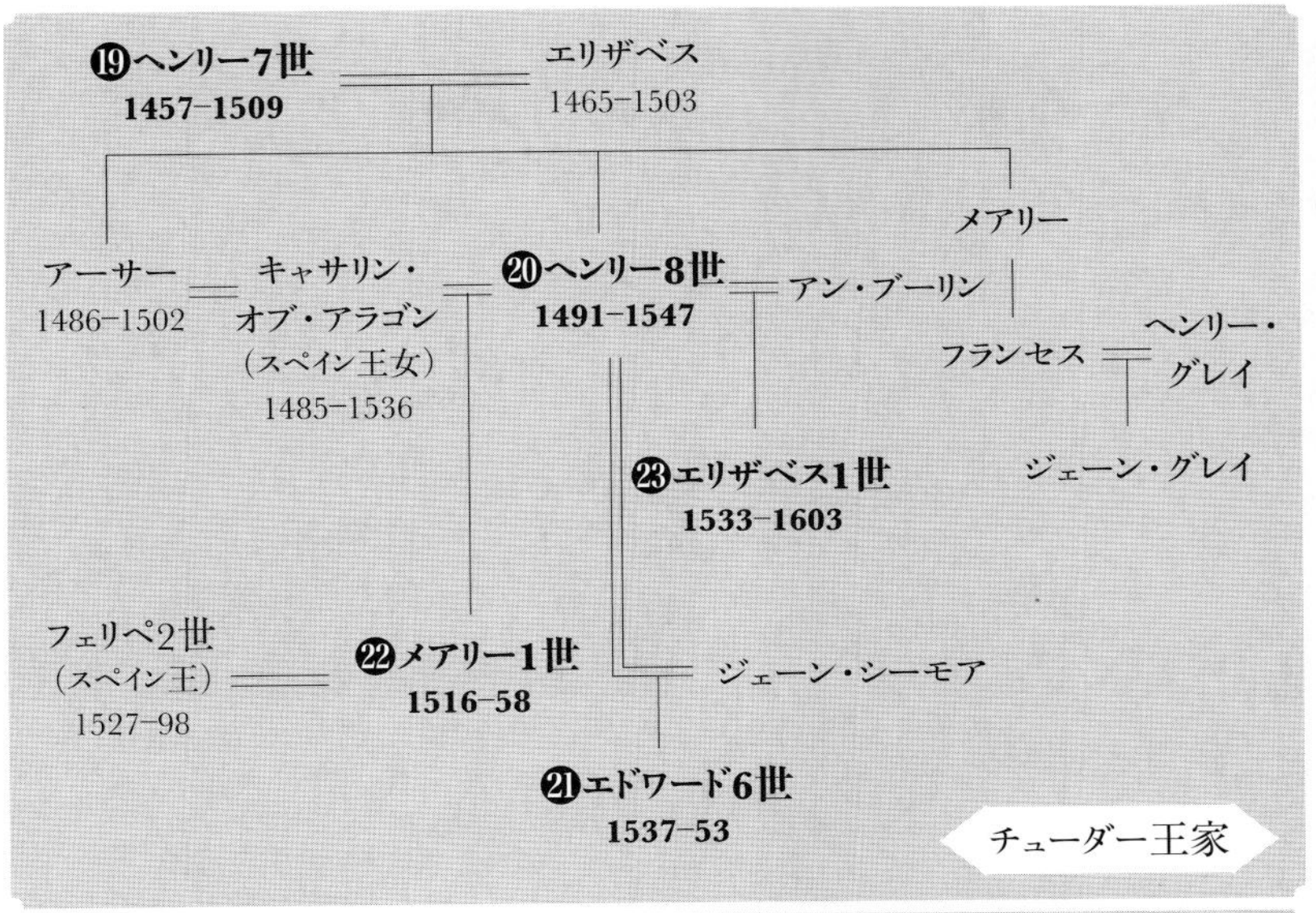

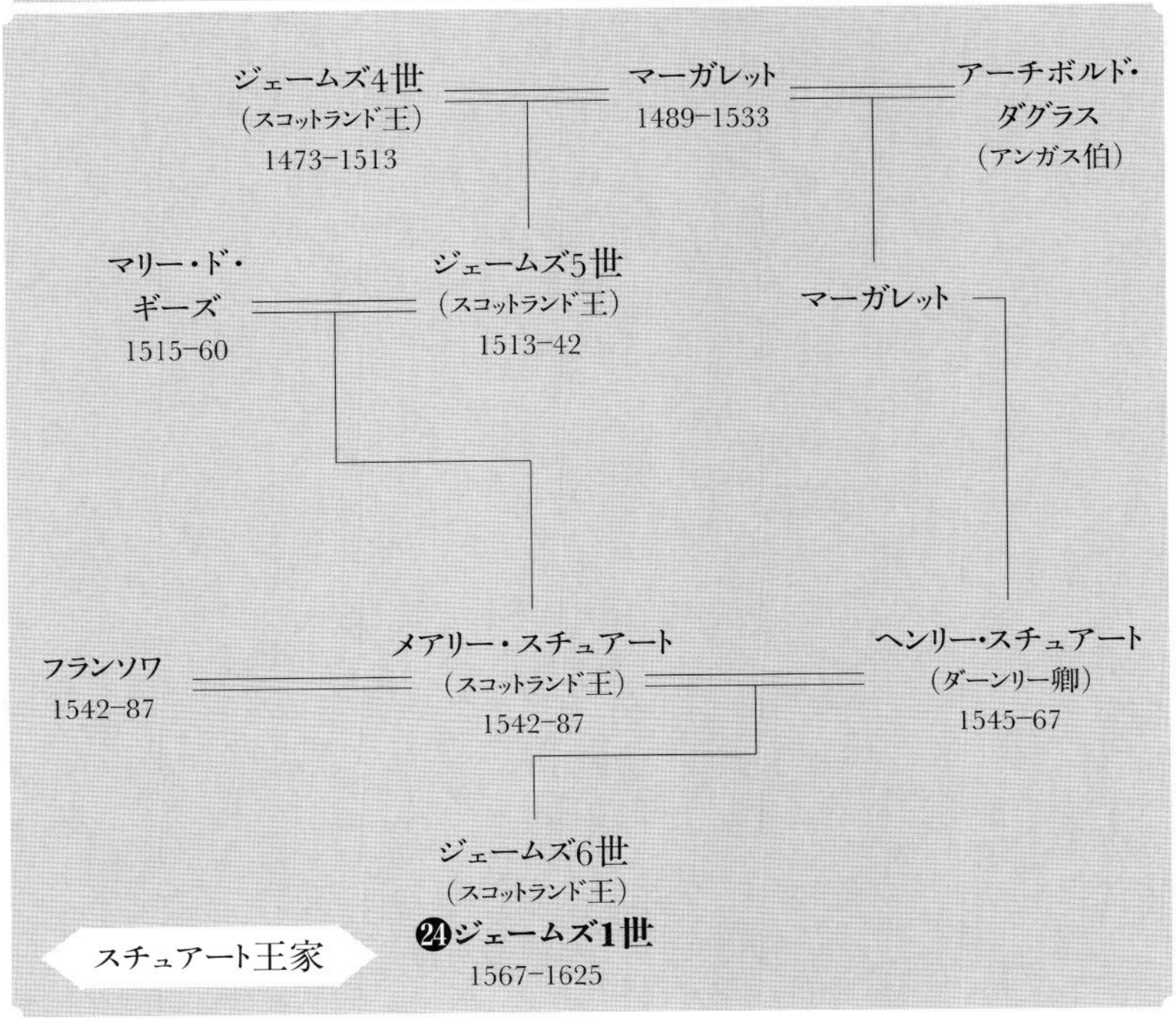

マーガレット・ボゥフォート 1443–1509年。サマセット公娘で、ヘンリー7世母。ヘンリーを産んだ時は、わずか13歳だった。教育者としてもイギリス史に大きな足跡を残している

した。ヘンリー七世は苦労して掌中にしたスペイン王女キャサリンを帰国させず、次男ヘンリー王子（のちのヘンリー八世）と婚約させた。だがヨーロッパ情勢を睨み、絶好の機会をうかがい、即座に結婚させようとはしなかった。

ヘンリー８世　統治の才に長けた王として、また周囲のものを次々に断頭台に送り込んだ残虐な王として、イギリス史に残る重要な王のひとり

アーサー王子の死は両親に大きな打撃を与えた。一五〇三年、王妃エリザベスはその悲しみから癒えるまもなく懐妊したが死産し、産褥《さんじょく》の床で亡くなった。三八歳だった。

ヘンリー七世は官僚機構を中央集権的な強力なものにし、城建築を促進し、自らも、ロンドンのベイナード城とグリニッジ城を改修し、テムズ川沿いにリッチモンド宮殿を建立し、ウェストミンスター寺院に壮麗なゴシック様式の礼拝堂を付設した。また、スペインと友好を結ぶ一方で、軍事力に訴えることは極力避け、フランスとの平和を維持し、貿易を促進した。そのために、王室の金庫も国庫もこれまでになく潤った。

晩年、ヘンリー七世は痛風と喘息に悩まされ、一五〇九年四月二一日に、亡くなった。ヘンリー七世の即位を実現させた母マーガレット・ボウフォートは、孫ヘンリー（ヘンリー七世次男、のちのヘンリー八世）が一八歳になるまでの二カ月間、摂政として国務を執ったが、孫の即位を見届けるやいなや、最愛の一人息子の後を追うかのように亡くなった。

かくも偉大なる王

ヘンリー八世は即位するやいなや、兄アーサーの妻だったキャサリンと結婚し、ともに戴冠した。アーサー王子が亡くなってから七年近くが経過しており、キャサリンはその間ヘンリー王子の婚約者だったとはいえ孤寥《こりょう》をかこち、王子と晴れて結婚する日をひたすら待ちわびていた。がっしりした体躯でスポーツ万能、教養があり、信仰深い夫を得て、キャサリンは、はるばる海を越えて嫁した幸福をかみしめた。

歴史家のエドワード・ホールは新しい王についてこう記した。「善良なるお人柄、麗しい顔立ち、高貴なるご表情は王家の生まれにふさわしい高潔な資質を自ずと語っている」。

ヴェネツィア大使は本国に報告した。「新しい王はキリスト教国のどの君主にもまして麗しく、自然が与えうるかぎりのありとあらゆる魅力を備えております」。

高名な人文学者マウントジョイ卿チャールズ・ブローントは感涙にむせびながら、イタリア滞在中の恩師、ロッテルダムのエラスムスにこう書き送った。「おお、わがエラスムスどの、かくも偉大なる王を得て、わが国民がどれほど喜んでいるか、どれほど誇らしげに思っているか、お見せできればよいのですが。あなたは落涙されるでしょう」。

断頭台に消えた王妃

国民に大きな希望を与えたヘンリー八世が、血まみれの専制君主になり果てようとは、誰が予想したであろうか。

ヘンリー八世とイギリスの運命は、ヘンリーが最初の妻キャサリン王妃を離別し、愛人アン・ブーリン（一五〇一頃—三六）を妻に迎えようとしたことから大きく変わる。キャサリン王妃は死産と早産をくり返し、子どもはメアリー王女しか育たなかった。一五三〇年頃、ヘンリー八世は、王妃の侍女で外交官トマス・ブーリン卿の娘アン・ブーリンを見初めた。アンは愛人になることを拒否し、王妃の座を望んだ。

ローマ教皇庁は、神が結びたもうた夫婦を何人《なんぴと》も分かつことはできないとの理由で、ヘンリーの離婚の訴えを認めなかった。ヘンリーはローマ教皇庁と袂《たもと》を分かち、英国国教会を設立して王妃を離別し、アンを妻に迎えた。ところがアンが女子（のちのエリザベス一世）を産んでヘンリーの希望をくじくと、すぐにアンに不貞の罪をかぶせて処刑台に送り、さらに国王とキャサリン王妃の離婚に反対した大法官トマス・モアとウインチェスター司教ジョン・フィッシャーをも処刑する。

アンは、弟ジョージを含む五人の若者と不貞をはたらいたとして処刑台に送られた。五人の若者はみな国王の近侍である。彼らはアンが無実であるのを知っていた。知りすぎた者には死んでもらわなければならない、それがヘンリー八世の決意だったのだろう。

その後も、人びとのうえに、たちまち死が翼を広げて覆いかぶさってゆく歴史の不思議なめぐりあわせは果てしなく続いた。ヘンリーの懐刀《ふところがたな》ともいうべきトマス・ウルジー枢機卿は死に追いやられ、四番目の妻アン・オブ・クレーヴは器量が悪いとの理由で離婚させられ、アンとの結婚をお膳立てした大法官トマス・クロムウェルも処刑

[上]第１王妃キャサリン　アラゴン王フェルナンドとカスティーリャ女王イザベルの娘。ヘンリー８世との離婚後も、国民からはクイーンと慕われた。遺体はピーター・バラ大聖堂に眠っている

[左上]第２王妃アン・ブーリン　第１王妃キャサリンの侍女だった時にヘンリー８世に見初められ、愛人から王妃となった。エリザベス１世の母

[左]トマス・ウルジー　1475頃-1530年。ヘンリー７世、ヘンリー８世と二代の王に引き立てられ、枢機卿、大法官と出世を遂げたが、最後はロンドン塔へ移送される途中、毒をあおったものか、突然死した

[右]第６王妃キャサリン・パー　1512-48年。ヘンリー８世最後の王妃。学識高く、前妻の子どもたちの教育にも熱心だった
[左]晩年のヘンリー８世　若い頃にいわれた「偉大なる王」としての面影はもはやない。1547年1月28日、キャサリン王妃に看取られて世を去った

された。アン・ブーリンの従妹にあたるキャサリン・ハワードはヘンリー王の五番目の妻になり、「王の宝石」と呼ばれて寵愛されたが、二〇歳で処刑台に送られた。若いキャサリンにとって、ぶよぶよ肥え太り醜い老人と化したヘンリー八世との結婚生活が幸せであろうはずはなく、昔の恋人トマス・カルペパーとよりを戻した。そのために、姦通罪で処刑された。キャサリンは断頭台で「わたしは王妃として死に臨みます。でも、トマス・カルペパーの妻として死ねたらどんなに幸せでしょうか」と、小さな声で語った。ほかにも、今や血に飢えたライオンのようになった国王の餌食になった者は大勢いた。

六人もの妻を迎えながら、ヘンリー八世が得た後継者は男子一人（産褥の床で亡くなった三番目の妻ジェーン・シーモアの子）と娘二人（最初の王妃キャサリンの娘メアリーと二番目の妃アンの娘エリザベス）だけだった。チューダー王朝は薄氷を踏むがごとき危うさだった。

ヘンリー八世は年を経るごとに肥え太り、晩年には車椅子で移動しなければならず、馬に乗ることもままならなかった。脚気を患い、その末期症状で鼻の形が醜くゆがみ、脚にできた腫れ物を毎日外科医に切り取ってもらった。苛立ち、癇症で、激怒しやすくなった老王を看病したのは、六番目の妃キャサリン・パー（一五一二頃―四八）だった。キャサリンは、父の離婚や再婚でほったらかしにされていた王家の三人の子どもたちを慈しみ、教育に心をくだいた。

一五四七年一月二八日、ヘンリー八世は世を去った。享年五六歳。遺体は棺に納まりきれず、棺をウィンザー城セント・ジョージ礼拝堂のジェーン・シーモアの隣に横たえようとすると、棺の蓋が開き、腐って悪臭を放つ血が流れ出た。

ハンプトン・コート宮殿　1514年にトマス・ウルジーの邸宅として建てられたが、没収されチューダー王家の宮殿となった。現在内部には、当時の生活がわかる居室や台所などが残されている（写真提供・英国政府観光庁）

[上]エドワード６世　中央玉座に座る少年がエドワード６世。左端ベッドに横たわる人物はヘンリー８世で、エドワードを指さして王位後継者であることを示している

[右]エドワード・シーモア　1506頃–52年。ヘンリー８世第３王妃でエドワード６世母ジェーン・シーモアの兄。摂政として権力を握ったが、政争に敗れて処刑された

少年王と不幸な花嫁

ヘンリー八世の子どもたち

The Tudors

神童——エドワード六世

ヘンリー八世は亡くなる前に、幼少のエドワード王子の即位に備えて、枢密院の委員たちが補佐するよう遺言していた。しかし幼王の母方の伯父エドワード・シーモアが他の枢密委員を圧して摂政にのし上がり、自らをサマセット公爵に叙して最高権力を握る。エドワード六世（一五三七―五三）はよい教育を受け、神童と呼ばれるほど頭のよい大人びた少年だった。十三歳の時には、アリストテレスの著作をギリシャ語で読めるほどだった。宗教観は狂信的なプロテスタントであった。

一五五二年、サマセット公爵エドワ

[右]ジェーン・グレイの処刑　断頭台でジェーンは「主よ、わが魂を御手にゆだねます」と処刑をうながした。処刑後、「女王の敵は滅びぬ。見よ。反逆者の首を」の言葉とともにジェーンの首はかかげられた
[下]メアリー１世　王女時代28歳の時の肖像画。熱心なカトリック教徒として圧政を行なったため、その命日は死後200年も祝われるほどだった

ード・シーモアは、農地の囲い込みに対して起こった暴動の責任を問われ、政敵のノーサンバランド公爵ジョン・ダドリーによって政界を追われ、処刑された。一五歳になるエドワード六世は伯父の死について淡々と日記に記した。「今朝、八時と九時の間、タワー・ヒルで、サマセット公爵の首が胴体から切り離された」。

九日間の女王

一五五三年に入ると、エドワードの健康が急速に蝕まれていった。エドワードが亡くなれば、次期王位継承者のメアリー王女が即位する。狂信的なカトリックのメアリーは、国教会のプロテスタント化を推し進めたノーサンバランド公爵を真っ先に抹殺すると予測された。

恐れた公爵は、自分の末子ギルフォード・ダドリーと、ヘンリー八世の妹メアリーの孫ジェーン・グレイを結婚させ、エドワード六世亡き後、ジェーンを王位に即け、若いふたりを操縦するという恐るべき陰謀を企てる。

一五五三年七月六日、エドワード六世が病没すると、ジェーン・グレイは無理やり王冠を被せられた。しかし、王冠を戴いていたのはたったの九日間。メアリー王女が蜂起し、ノーサンバランド公爵を打ち破り、王位に即いたのである。ノーサンバランド公爵はメアリー王女によって処刑され、ジェーンとギルフォードも断頭台の露と消えた。

嫉妬と絶望――メアリー一世

ヘンリー八世とキャサリン・オブ・アラゴンの娘メアリー一世（一五一六—一五五八）は、三七歳で登位した。少女時代には父によく似ていた。チューダー王家特有のレンガ色の赤い髪、つんとがった鼻、丸顔、鼻のまわりの小さなそばかすまでもが父にそっくりだった。父はメアリー王女を目に入れても痛くないほどかわいがった。胸に抱

メアリー１世とフェリペ２世　1554年７月20日、メアリーは国民の反対を押し切りフェリペと結婚式を挙げた。フェリペは再婚で、メアリーと死別後も二人の妻を娶った

いた王女をヴェネツィア大使に自慢したこともある。「大使、ほんとうにいい子だ。決して泣かない」。

　父と娘の関係がぎくしゃくしてくるのは、メアリーが一一歳の頃、ヘンリーがアン・ブーリンを見初めた頃からである。生来明るい性格だったのが、母を気づかい、鬱々とすることが多くなり、陰気な性向を強めてゆく。しかしアン・ブーリンが処刑されると、幼いエリザベス王女を不憫《ふびん》に思い、姉らしい愛情をもって接するようになった。だが、母キャサリン・オブ・アラゴンに対するアン・ブーリンの冷酷な仕打ちを忘れたことはなく、エリザベスが成長するとともに生母に似てくるにつれ、辛い過去が思い出された。

　メアリーが即位すると、エリザベスに対する気持ちは一変する。三七歳になるメアリー女王が暗い怨念に揺らいでいるのとは対照的に、二〇歳のエリザベス王女は若さに輝き、凛としていて、咲き誇る万朶《ばんだ》の花のようだった。ある国の大使はこんな感想をもらしている。「エリザベス王女さまの容貌はたいへん美しく、立ち居には威厳と気品があふれ、誰もが王女さまを女王さまだと思ってしまいます」。若く潑溂《はつらつ》とした王女がメアリーを脅《おびや》かした。

　憎っくきエリザベスに王冠を渡さないためにも、女王は一日も早く結婚して後継者をもうけたいと望んでいた。メアリーが父とも思い、頼りにしていた従兄の神聖ローマ帝国皇帝カール五世は、妻を失ったばかりの息子、スペインのフェリペ皇太子を花婿に推した。目も眩むような縁談だったが、側近も国民も、女王が外国人と、しかもカトリック国の王子と結婚することに反対した。それにフェリペは二六歳、あまりに若すぎる。スペインとの縁談に反対する反乱も起きたが、メアリーは反乱軍を破り、即位した翌年の七月にフェリペを迎え、ウィンチェスター大聖堂で華燭の典をあげた。

　フェリペは長身で、青い目に金髪の貴公子だった。メアリーは救いようもないほどフェリペに恋をしてしまう。

　フェリペのほうは、歳よりもずっと老けて見える女王に落胆したが、騎士道精神を発揮して、それを悟られまいと健気に振る舞った。なにせ、イギリスとスペインの平和がかかっているのだ。フェリペは挙式後十三カ月ほどイギリスに滞在した。その間に、フェリペ王とメアリー女王の名のもと、三〇〇人近くのプロテスタントが火あぶりになった。メアリーは即位と同時に、国の宗教をカトリックに変えていた。

一五五五年、メアリーは身ごもった。微量だが乳首から乳が出て、下腹部が膨らみ、妊娠を示すあらゆる兆候があり、出産予定日は六月九日と発表された。しかし予定日がきても、一カ月が過ぎても、何も起こらなかった。宮廷は落胆の空気で覆われ、女王は悲嘆にくれた。当時は想像妊娠と考えられたが、閉経期の女性にしばしば起こるホルモンバランスの異常だったようだ。

あるいは、三年後に死因となった卵巣癌を既に患っていたとも考えられる。

大恥をかいたフェリペは、九月に父カール五世の待つブリュッセルに出発する。カール五世が生まれ育った地は、父のブルゴーニュ公爵フェリペから受け継いだブリュッセルやブルージュを中心とするネーデルランド（現在のオランダ、ベルギー地方）である。一五五五年一〇月、カール五世はブルージュでブルゴーニュ公爵の称号を息子フェリペに与え、ネーデルランドの統治権も譲り渡した。翌年の一月にはスペイン王の称号をもフェリペに譲渡し、スペインのユステのジェロニモ僧院に隠棲した。

カール五世はそれからおよそ二年後に世を去るが、父の跡を継いだフェリペは、スペイン配下のミラノ公国とナポリ王国に触手を伸ばすフランス王アンリ二世の野望を砕くために、フランスに宣戦布告した。スペインがフランスと戦争を始めると、フェリペに強く要請されたメアリー女王はフランスに援軍を送った。結果は惨敗だった。イギリスは大陸に唯一もっていたカレーをフランスに奪われた。

終戦交渉が続くなか、一五五八年一一月一七日、メアリーは卵巣癌のために亡くなる。女王は側近に言った。「私が死んだら、胸を切り開いてください。カレーという文字が刻まれているでしょう」。

[上]プロテスタントへの弾圧　メアリーは各地でプロテスタントたちを圧政した。図は1556年、ヘンリー８世時代の重臣だったトマス・クラマー（カンタベリー司教）の処刑の場面。生きたまま火あぶりにされるという残忍な方法で殺された
[下]カレー　フランスのノルマンディ地方の、当時大陸にあった唯一の領土

エリザベス１世　エリザベスの戴冠式を描いた肖像画。左手に「君主の宝珠」と呼ばれる神器をもつ。宝珠は王の権勢を、十字の飾りはキリスト教の支配を現している

国家と結ばれた女
エリザベス一世

The Tudors

チューダー王朝最後の女王

エリザベス一世（一五三三—一六〇三）は過酷な運命をくぐり抜けて王冠にたどり着いた。遥かなる王冠！　王冠は神からの授かりもの。人間はある時、急にすべてを知ることがある。覆っていた固い萼《がく》がはらりと解けて中から蕾が姿を現す——そのようにすべてを知ることがある。神の恵みが気まぐれなものであろうとも、手にした王冠は純然たる事実だった。即位を知らされた時、エリザベスの口から座右の銘にしている『詩篇』の一節、「これは主の御《み》業《わざ》、私たちの目には驚くべきこと」（百十八・二十三）がついて出た。

即位した時、エリザベスは二五歳、結婚適齢期にあった。イギリスという持参金を持つ女王に、花婿候補は星の数ほどいた。だが生涯結婚せず、したがって後継者をもうけることなく一六〇三年に死去したため、祖父ヘンリー七世が開いたチューダー王朝はエリザベス女王の死去をもって、一一八年の幕を閉じる。エリザベスは自分の死とともに、チューダー王朝が消滅するのを知っていた。それなのになぜ、あえて独身を貫いたのか。

　弟エドワード六世と姉メアリー一世の生涯から、エリザベスは世襲制の危険性を学んだ。創業者が立派であっても、二代目、三代目が優れている保証はない。エリザベスが引き継いだチューダー王朝は、フランスとの敗戦の重荷を背負い、創朝以来、どん底にあった。

　エリザベス一世の最初の議会は、一五五九年一月二五日に開会した。数日前から北西の風が吹きまくり、乾いた雪は一夜のうちに白い霧に変わり、あたり一帯を覆いつくした。閉会前、上院も下院も女王は一日も早く結婚すべきであると決議した。下院議長のトマス・ガーグラーヴが、三〇人の議会の代表者とともに、女王に面会し、懇願した。

「わたくしたちは、陛下が結婚され、お子をもたれるよう心から願っています。君主もただの人間も死すべき運命にありますが、国家は永遠不滅です。国家を永遠不滅のものにできるのは、陛下だけであります。陛下が結婚せず、まるでウェスタ女神に仕える巫《み》女《こ》のように独身を貫くのであれば、この国の安全と安寧に反します。国家というものは、祖先から受け継ぎ、子孫へ伝えられるものです。子孫は国家の誇り、力となります。歴代のイギリスの君主たちは、王家の血が絶えないように、何にもまして努力してきました」

結婚しない決意

　エリザベスは左手の薬指にはめた戴冠式の指輪を見せながら、こう言った。

「みなさまと国民の好意はよく分かりました。わたくしとこの国のことを心配してくださるのを嬉しく思います。みなさまはわたくしの結婚を熱心に願っておられますが、わたくしをこの世にお遣わしになられた神さまが、よきにお計らいくださいましょう。わたくしはすでにイギリスという王国と結婚し、夫をもつ身となりました。この戴冠式の指輪を見てください。これは、わたくしがイギリスと結婚した証です。

　ですから、わたくしを子ももたない、みじめな人間だと叱責しないでください。あなたがた一人ひとりが、イギリス国民のすべてがわたくしの子どもなのです。後継者について心配する必要はありません。名君は時の采配によって生まれるといいます。神さまが、わたくしの胎《はら》から生まれた子より、ずっとこの国のためになる後継者をお授けくださいましょう。わたくしが息を引きとったら、わたくしの大理石の墓石に『処女として生き、処女として亡くなったエリザベスがここに永眠する』と刻んでください」。

　議会の代表者たちは狐につままれたような気持ちですごすごと引きあげた

メアリー・スチュアート　1542-87年。スコットランド王ジェームズ５世長女。エリザベス１世の生涯のライバルといわれるが、二人が実際に会ったことはなかった

が、女王が独身を通すとは誰も考えていなかった。君主が結婚せず子をもうけなければ、国家は滅びる。

女王は議会宛ての返書のなかでこう言っている。

「全能の神が、わたくしが結婚しないで生きることをお望みになられても、恐れる必要はありません。神はそれをよき準備期間とされ、わたくしの心とみなさまの分別に働きかけ、しかるべき時期に、後継者をお与えくださいましょう。わたくしの胎から生まれる子よりも君主の資質に富み、この国のためになる人を遣わされましょう。わたくしの子はみなさまの好意に報いず、不親切で恩知らずな人間であるかもしれませんが、神がお与えくださる君主はみなさまのためになるでしょう」。

エリザベスは、後継者は自分の胎を痛めた子でなくともよい、君主にふさわしい人物に国家を託そうと考えていた。これほど進歩的な王権思想をもつ君主が、当時のヨーロッパのどこにいたであろうか。今日でさえ、世襲が君主制の基盤である。

深い感情をもつ人なら、澄んだ心の持ち主なら、永遠の法則としての人間の力を信じる人なら、はっきりと推し量るであろう。女王は議会宛ての最初の親書のなかで、結婚しない決意を表明しているのである。苦しみの果てに獲得した黄金色の王冠、その王冠に勇気と努力と情熱を注いで、命を吹きこむ決意を誓っていたのである。

メアリー・スチュアート

このエリザベスに女王にとって大きな問題となるのは、スコットランド女王メアリー・スチュアートだった。メアリーが一五六八年にイギリスに亡命して以来、女王は彼女の処遇に苦慮していた。メアリーは二番目の夫（最初の夫はアンリ二世の後継者でフランス王フランソワ二世）ダーンリー卿ヘンリー暗殺の首謀者であるスコットランド貴族ボズウェル伯爵ヘンリー・ヘップバーンと三度目の結婚をし、国民の顰蹙をかい、ひとりっ子ジェームズ王子に王位を譲り、エリザベスの助けを求めてイギリスにやってきた。

だが、プロテスタントの女王エリザベスを暗殺して、カトリックのメアリーをかつぎ上げようとするいくつもの陰謀に加担した。エリザベスの側近はメアリーを「悪の源」とみなし、メアリーの処刑を女王に迫った。しかし

女王は、隣国の君主に手をかけるのを躊躇した。神の代理人を、一臣下のごとく法廷に引き出し、有罪に処すればどうなるか。この世の法の及ばぬ君主を裁けば、いずれ自分も裁かれる立場に置かれる。臣下が君主を裁けるという共和主義的な考えを臣下に教えてはならない。しかし、一五八六年一一月、ついにエリザベスはメアリーの処刑を決めた。幾度目かの陰謀が暴かれ、その陰謀を認めるメアリーの手紙がイギリス政府に察知されたのである。

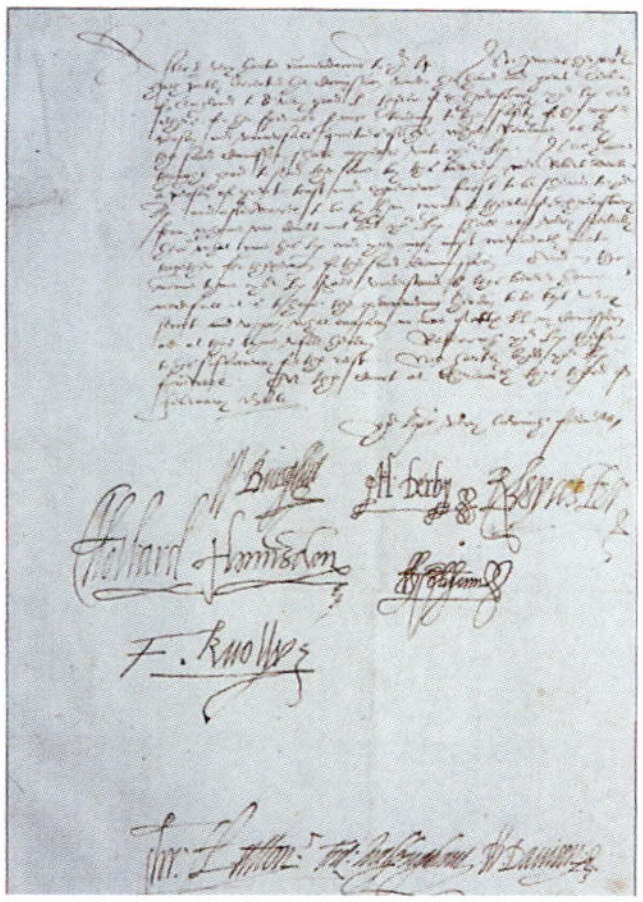

［上］メアリーとジェームズ6世　ジェームズ6世は、メアリーと2番目の夫ダーンリー卿ヘンリー・スチュアートの長男。メアリー廃位とともにスコットランド王となる

［左］メアリー処刑の要請書　1586年11月にエリザベス1世に出されたメアリーの処刑要請書。エリザベス1世は処刑を渋っていたが、1587年1月にサインをし、その約1カ月後にメアリーは処刑された

王位はスコットランドへ

一六〇三年に、エリザベス女王が病の床に倒れた時、イギリスの王位継承権保持者はスコットランド女王メアリー・スチュアートの息子でスコットランド王ジェームズ六世（ヘンリー八世の姉マーガレットの曽孫）ただ一人だった。

エリザベス一世はジェームズに「あなたを胎を痛めた子のように」愛おしく感じていると手紙で書き送っていたが、ジェームズを信頼しているわけではなかった。メアリーが裁判を受け有罪の宣告をされても、ジェームズは母のために真摯に命乞いをしなかったのだ。ジェームズの冷酷さに、さすがのエリザベスも嘆きの声をあげた。「おお、神よ！　私の喉はかき切られたも同然です！」「何という悪党、これ以上悪い子はこの世にいない！」。しかし、ジェームズ以外に国家を託せる者はいなかった。

同年三月、エリザベス一世が亡くなり、スコットランド王ジェームズ六世がジェームズ一世としてイギリス王を兼ねることになった。長い間いがみ合ってきた二つの国が一滴の血も流すことなく結ばれ、チューダー王家からスチュアート王家へ政権の委譲が行なわれた。

生まれた時から貴族の間をたらい回しにされて育ったジェームズは、陰気で疑《うたぐ》り深い性格だった。しかし、当時のスコットランドで与えられるかぎりの高い教育を受け、『欽定訳聖書』や『悪魔学』などを刊行し、その知性には煌めくものがあった。エリザベス女王はそこに救いを見いだしたのであろう。

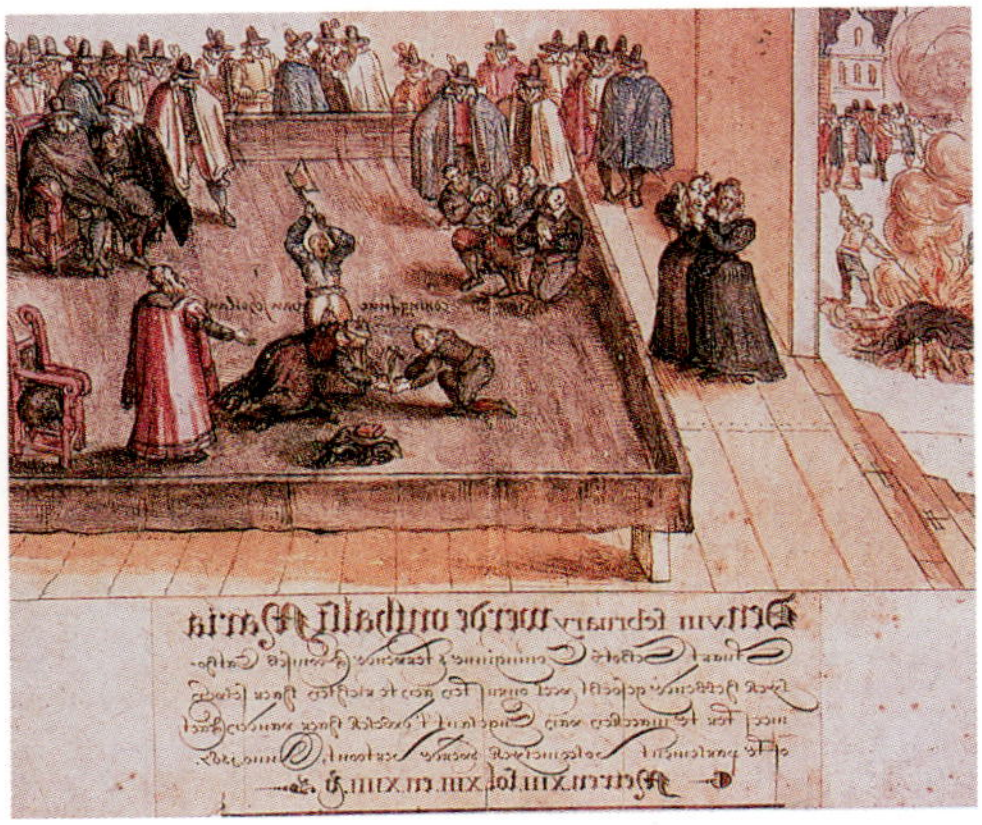

メアリーの処刑 1587年2月8日、メアリーはノーサンプトンシャーのファザリンゲイ城で処刑された。死刑を言い渡す裁判官たちに向かって、「世界という舞台はイングランド王国よりも広いのです」という言葉を残している

column

王と皇太子の尊称

チューダー王朝の開祖ヘンリー七世は、王家のしきたりをいくつか変えたり新設したりしたが、そのなかに王の尊称がある。それまでは、国王の尊称はYour Graceだったが、それをYour Majestyに改め、王権をいちだんと高める措置をとった。以来、君主にはYour Majestyと呼びかけるのがルールになっている。ちなみに王位簒奪者に相当する英語はBorrowed Majestyである。

　また現在、イギリス王の後継者にはプリンス・オブ・ウェールズの称号が与えられる。この称号はエドワード一世のウェールズ平定を記念して設けられ、皇太子はコーンウォール公爵領を、次男はヨーク公爵称号でヨーク公爵領を拝領することになっているが、なぜ、このようなルールができたのかは不明である。フランスの皇太子は「ドーファン」(Dauphin)の称号をもち、皇太子の次弟はアンジュー伯爵、その弟はアランソン公爵。皇太子が即位すると、アランソン公爵がアンジュー公爵となる。

　またサクソン時代の皇太子に相当する言葉は「アセリング」。サクソン王家の最後の皇太子はエドガー・アセリング(ヘンリー一世の妃マティルダの叔父)である。

VI スチュアート王家

王は必要か？ チャールズ一世と二世

The Stuarts

一番賢い愚か者――ジェームズ一世

ジェームズ（一五六七―一六二五）はメアリー・スチュアートを母に、ダーンリー卿ヘンリー・スチュアートを父に、一五六六年六月一九日、エディンバラ城で生まれた。父も母もヘンリー八世の姉マーガレットの孫にあたる。

ジェームズが八カ月の時に、父が惨殺された。首謀者はボズウェル伯爵ジェームズ・ヘップバーンとささやかれたが、母は愚かにもこの男と再婚し、貴族たちから退位を強いられた。そして幼いジェームズに王位を譲ると、イギリスに亡命した。その後、この母が流した血は、ジェームズがイギリス王になることで報われたといえる。一六〇三年、イギリス王となった時、ジェームズ一世は三七歳。イギリスよりずっと貧しく、陰気な気候のスコットランドとスコットランド貴族たちの圧力から逃れられるとあって、ジェームズは驚喜した。

しかしイギリスの宮廷人たちは、新しい王に落胆した。容姿は均整がとれておらず、脚が湾曲しているためにいつも足もとがふらついた。大きな目をぎょろぎょろ回す癖があり、そのしぐさはグロテスクで、目玉

エディンバラ城　1707年、スコットランドがイギリスに統合されるまでの首都であったエディンバラの居城。岩山の上から周囲を見下ろすように建ち、要塞としての性格が強い（写真提供・英国政府観光庁）

スチュアート王家

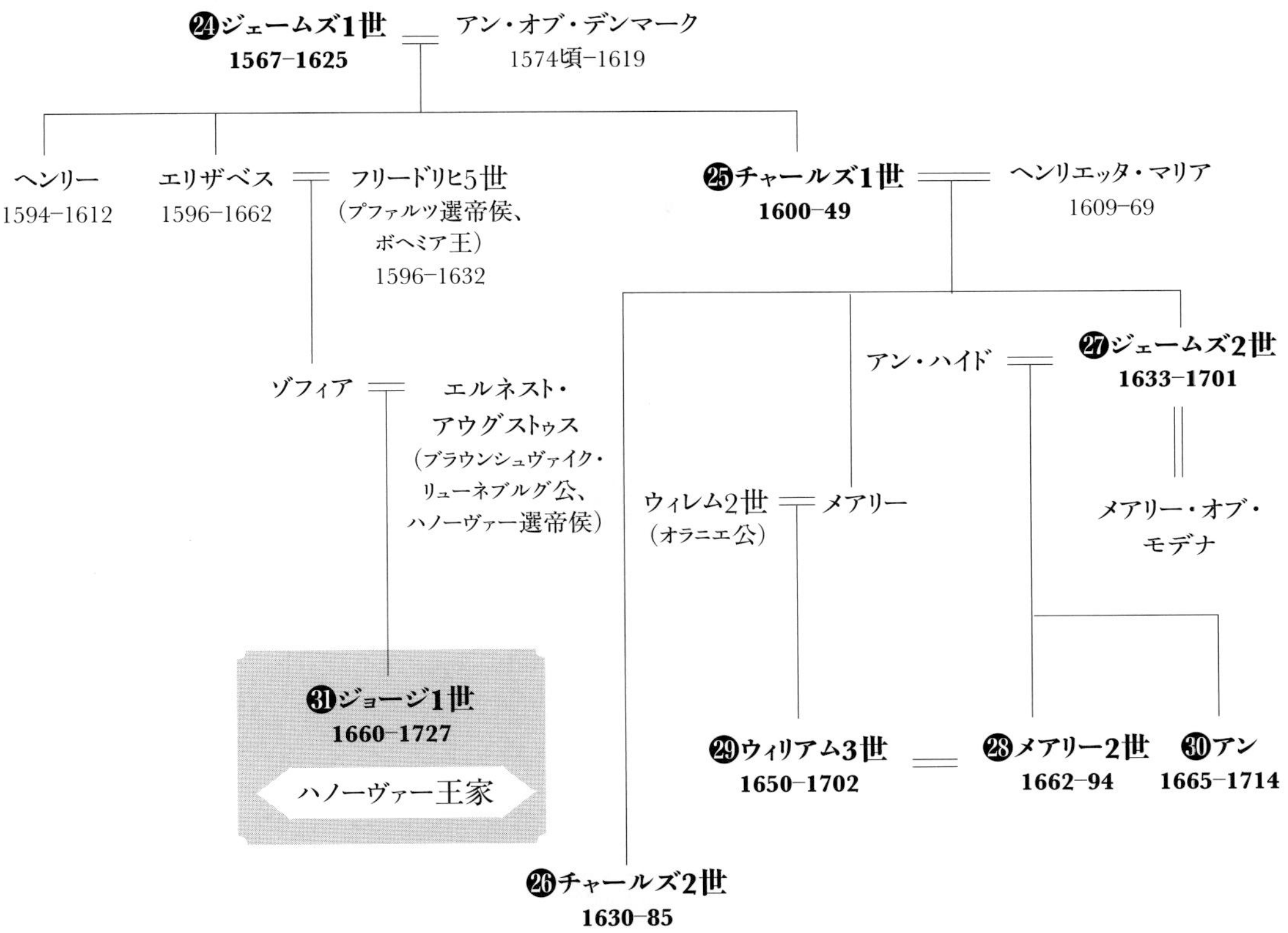

が飛び出ているように見えた。舌が唇にくらべて大きすぎ、目は涙で潤み、だみ声で話すせいで論旨が明確に理解されなかった。立ち居は野暮ったく、礼儀作法を知らず、言葉遣いは粗野だった。魔女の存在を固く信じており、『悪魔学』なる本を著し、そのために、魔女狩りが厳しくなった。誰もが、これがあの美しかったスコットランド女王メアリー・スチュアートの息子だろうかと目を疑った。またジェームズには若く美しい男性に好んで寵愛の雨を降らせる傾向があり、イギリス入りの際にも美少年を伴い、好奇の目を向けられた。

一五八九年、ジェームズは二三歳の時に、デンマーク王フレデリック二世の娘アン（一五七四頃―一六一九）と結婚した。骨ばって背が高く、男っぽい性格の女性で、美少年が大好きなジェームズにはぴったりの花嫁だった。ジェームズは母から遺伝したポルフィリン代謝異常による疾患に悩まされ、しばしば奇怪な行動をとった。その一方で天性の知性を秘め、「キリスト教国で一番賢い愚か者」と評された。アン王妃は浪費家で、宝石やドレスばかりか、ベン・ジョンソンに書かせた仮面劇をしばしば宮廷で上演したりして湯水のようにお金を使った。王妃は七人の子を産み、ヘンリー王子、エリザベス王女、チャールズ王子が幼児期を生き延びた。

一六〇五年十一月五日、カトリックのガイ・フォークスが率いる反乱の徒が国王もろとも上院議員の暗殺を企て、議会に爆発物をしかけた。この火薬陰謀事件《ガンパウダープロット》は未遂に終わったが、事件をきっかけにカトリックへの反感が渦巻くこととなる。一六二〇年、カトリックの弾圧を渋るジェームズの宗教政策に不満を抱く一〇二名のピューリタン（清教徒）は、「メイフラワー号」に乗ってプリマス港を出航、アメリカのケープ・コッド・ベイに到着し、新世界の建設に夢をかけた。

一六一九年、アン王妃が病没した。ジェームズは悲しまなかった。五年ほど前から、お気に入りの男性ジョージ・

[上]ジェームズ1世　1567年にジェームズ6世としてスコットランド王、1603年にジェームズ1世としてイギリス王となった
[下]ジェームズ1世妃アン　浪費家として知られ、「空っぽ頭」とささやかれた。王妃の死後、王は莫大な借金に悩まされることになる

ヴィリヤーズをバッキンガム公爵にとりたて、身辺にはべらしていたからである。一六二五年、ジェームズ一世は脳溢血のために死亡した。

王の処刑——チャールズ一世

ジェームズ一世の次男チャールズ（長男ヘンリーは一九歳で早世）がイギリス王チャールズ一世（一六〇〇—四九）として即位した時は、二五歳だった。チャールズの容姿は父とは対照的だった。背が低く痩せぎみだったが、物腰は洗練され威厳があった。芸術を愛好し、ファン・ダイクなどの芸術家を擁護し、絵画を収集し、今日の王室コレクションの礎を築いた。

チャールズの不幸は、イギリスで育ちながら、父と同様にイギリスの議会制度を理解せず、スチュアート王家の伝統である王権神授説を振り回し、議会と衝突したことである。即位した一六二五年、チャールズはカトリックのフランス王女ヘンリエッタ・マリア

[上]チャールズ１世　治世のほとんどを議会派との戦いに費やし、敗北、斬首された悲劇の王。王軍と議会軍の戦いは「ピューリタン革命」と呼ばれるが、これは議会派のほとんどがピューリタンだったことによる

[下]火薬陰謀事件　ジェームズ１世のプロテスタント保護に対するカトリックの反乱。右から３番目が首謀者のガイ・フォークス

[上]チャールズ１世の食卓　ホワイトホール宮殿での食事風景。当時はまだ、食事はパブリックなものとして位置づけられていたが、ハノーヴァー朝に入った頃から私的なものに変わった

[左]チャールズ１世妃ヘンリエッタ・マリア　15歳でチャールズと結婚。政治が混乱する一方、二人の仲はむつまじいものだった

（一六〇九年に暗殺されたアンリ四世とマリー・ド・メディチの娘、一六〇九―六九）を妻に迎え、セント・ジェームズ宮殿内に、豪華なカトリックの礼拝堂を設け、国民感情を逆なでした。

その後もチャールズは失策をくり返す。父が寵愛した八歳上のバッキンガム公爵をはべらせ、彼の助言でフランスとスペインを相手に戦争し、財政難に陥った。一六二八年、議会は王の御用金を認める代わりに、王権を制限する「権利の請願」に署名するよう王に要請した。王は署名はしたが、それから一一年間、議会の開催を拒んだ。

ロンドンのシティの柱にビラが貼られた。「国を統治しているのは誰だ？　王だ。王を操っているのは誰だ？　バッキンガム公爵だ。公爵を操っているのは誰だ？　悪魔だ」。バッキンガム公爵は署名が行なわれた年の八月に暗殺される。チャールズの悲しみようは病的だった。

一六四二年一〇月二三日、チャールズはエッジヒルで王軍を組織し、議会派に宣戦布告した。しかしオリヴァー・クロムウェル率いる鉄騎兵は王軍を各地で打ち破り、議会軍を勝利に導いた。

絶対王制を信じるチャールズ一世と議会派の和解は成立せず、チャールズは裁判で有罪を宣告された後、一六四九年一月三〇日、ホワイトホール宮殿のバンケット・ハウス横に設けられた処刑台で断頭に処せられた。王は威厳と勇気をもって死に臨んだ。王の最後の言葉は「私は朽ちやすい王冠の国から、擾乱なく朽ちることのない王冠の国に行く」だった。君主が暗殺された例はあっても、裁判にかけられ、公の場で処刑された例はない。フランス革命の一五〇年も前のことである。

王の処刑を見守っていた群衆の胸には王への想いが突如として湧き上がり、処刑が終わるやいなや、われ先に処刑台に近寄り、王の胴体からどくどく流れる血にハンカチを浸した。皮肉なことに、チャールズ一世は死してイ

チャールズ1世処刑　王の処刑を描いた絵は多種描かれ、ヨーロッパ中に広まっていった。この図版では、王の処刑を見守る人びとが悲しみにあふれており、処刑への否定的な視点が見てとれる

ギリス国民の「殉教王」となった。この国民の王への敬愛の念がのちに王政復古への道を開く。

王政復古――チャールズ二世

一六六〇年、議会は王政復古を決議する。クロムウェル親子による共和制は一一年間で終わり、同年五月二九日、チャールズ一世とヘンリエッタ・マリアの次男チャールズ（長男は生まれてす

チャールズ1世死亡証明書
ここに署名した者たちは、王政復古後、追及されることになる

column

戴冠式の重大さ

ただの人間が戴冠することによって神の代理人になる。そのため玉座の一翼を担う王妃も戴冠しなければならない。だが、チャールズ一世の妃ヘンリエッタ・マリアは偏狭なカトリックで、戴冠式が国教会のしきたりによって行なわれるのに抵抗し、戴冠しなかった。その後、チャールズ一世が議会派によって処刑されると、ヘンリエッタは実家のフランスに逃げ帰ったが、戴冠しない王妃は王妃にあらず、ということで寡婦年金の支給を拒絶され、貧にあえいだ。

ぐに死亡）がロンドン入りした。翌日、チャールズ二世（一六三〇―八五）として即位する。共和制と軍事体制はイギリス人の性に合わなかったようだ。

チャールズ二世は、「殉教王」の熱烈な支持者たちが想像していた人物とは異なっていた。分厚い唇、頑丈そうな鼻、人を茶化すような眼などは陰鬱な父よりも祖父のフランス王アンリ四世に似ており、この祖父から機知と快活さと女道楽ともろもろの放蕩を受け継いだと思われる。

チャールズ二世は父が処刑された後、オランダやフランス各地を転々とし、生活のためにフランスやスペインの宮廷から借財を重ねた。その苦労が顔に現れ、三〇歳の割にずっと老けてみえた。チャールズは、イギリス王になった暁には、この埋め合わせをしてやろうと心に決め、そして国王になるやいなやその夢を果たし、大臣たちが国務を奏上するために国王を捜すと、王は戯れたり女を抱いたりしていた。

二年後の一六六二年、チャールズ二世はポルトガル王ファン四世の娘キャサリン・オブ・ブラガンザ（一六三八年に、ポルトガルをスペインの支配から解放したブラガンザ王朝の開祖ジョアン四世の娘、一六三八―一七〇五）と結婚した。ポルトガルにとってイギリスは重要な友好国、キャサリンは三〇万ポンドの持参金に加えて、北アフリカのタンジールとインドのボンベイを嫁資としてもたらし、これがのちの、七つの海にまたがる大英帝国への発展の原点となった。キャサリン王妃はまた、紅茶を

[上]チャールズ２世　オランダとの戦争、ペスト流行、ロンドン大火などけっして平穏な治世ではなかった
[下]クロムウェルの風刺画　樫の木に見立てた王権を切り倒そうとするオリヴァー・クロムウェル（左）だが、そのおこぼれを豚が食べるなど、クロムウェルの政治への否定的な視点がうかがえる

[上]チャールズ２世妃キャサリン　ポルトガルとの政略結婚ではあったが、チャールズはキャサリンのことを生涯大切にした。一方でチャールズには生涯で14人も愛人がおり、頭が痛いこともたびたびだった。夫の死後しばらくしてから故郷に帰国、没している

[左上]ネル・グウィン　1650–87年。チャールズの愛人のひとり。ネルが出演していた芝居をチャールズが観に来ていたことから関係が始まった。チャールズとの間に２人の男児を産んでいる

[左]ルイーズ・ルネ・ド・ケロアール　1649–1734年。チャールズの愛人のひとり。フランス王ルイ14世により愛人になるべくイギリスに送り込まれ、その思惑どおりキャサリン妃の侍女をしている時、チャールズに見初められ、三人の男の子を産んだ。権威欲が強く周囲をいらだたせることもたびたびだった

サマセット・ハウス　16世紀後半、サマセット公によって、テムズ川に面して建てられた邸宅。後世に何度か建て替えられ、現在は美術館などとして使われている

飲む習慣ももたらした。高価な紅茶は王侯貴族の羨望の的、王妃の住むサマセット・ハウスを訪れた人は、高価な紅茶のもてなしにあずかり大喜びしたという。

　チャールズ二世は王妃との間に子をもうけなかったが、亡命時代からの愛人ルーシー・ウォルター、バーバラ・ヴィリヤーズ、ルイーズ・ルネ・ド・ケロアール（ポーツマス公爵夫人）、女優ネル・グウィンなど多くの女性と浮き名をながし、八男五女の父となった。男子は高位の爵位を与えられ、女子は高位貴族との結婚を手にした。現在の上院議員の家系をたどってゆくと、ほとんどがチャールズ二世とその弟ジェームズの庶子にゆきつくという。

　しかし庶子に王位継承権はない。一六八五年二月六日、チャールズ二世が尿毒症のために亡くなると、弟ジェームズがジェームズ二世（一六三三―一七〇一）として即位した。王妃キャサリンはポルトガルに戻り、六七歳の天寿をまっとうして、一七〇五年一二月三一日に亡くなった。

王位継承者は誰か
ジェームズ二世からアン女王

The Stuarts

ジェームズ２世とアン妃
アン妃の父はクレランド伯エドワード・ハイド。当時の政治の中心的な人物で、ジェームズ２世が信頼を寄せる人物でもあった。当初ジェームズはアンを愛人にするつもりだったが、彼女に激しく拒否され、正式に結婚した

カトリックの王――ジェームズ二世

ジェームズ二世は亡命中に、姉のオラニエ公爵夫人の侍女アン・ハイド（一六三七―七一）を見初め、王政復古が成ると結婚した。アンは有力国会議員の娘、ジェームズはイギリスの王位継承者。この身分違いの結婚に、母ヘンリエッタ・マリアは心を痛めた。ジェームズとアン・ハイドの間には四男四女が生まれたが、成人したのはメアリー王女とアン王女だけだった。一六七一年、三四歳でアン・ハイドが亡くなり、その二年後、ジェームズはカトリックのモデナ公爵アルフォンソ四世の娘メアリー（一六五八―一七一八）と再婚する。この時のメアリーは一五歳、艶やかで若さにきらめく可愛らしい女性だったが、修道院で暮らしていたのに、いきなり俗界に引き出され、しかも二五歳も年上の男と結婚させられてとまどった。メアリーは四人もの子どもを産むが、すべて夭折した。

カトリックの王妃の影響を受けてか、ジェームズ二世はカトリックに改宗し

[上]ウィリアム３世　1688年11月、ウィリアムはイギリスに無血上陸、12月セント・ジェームズ宮殿に入り、王位継承を宣言した
[下]ジェームズ２世第２王妃メアリー　1658-1718年。オラニエ公ウィレムのイギリス侵攻の際、フランスに亡命。そのままフランスで生涯を終えた

た。ジェームズ二世の没後には、プロテスタントのメアリー王女が、次いでアン王女が即位するという希望があったので、国民は国王の改宗を甘受した。ところが、王位継承は予想外の展開をみせる。

名誉革命――ウィリアム三世

一六八八年六月、六年ぶりにメアリー・モデナ王妃が子を産んだ。生まれたのは男児で、ジェームズ・フランシスと名づけられた。このため、イギリスの玉座に生粋のカトリックの王が座る可能性がにわかに大きくなった。

ジェームズ二世は兄チャールズ二世と違い、物腰は洗練されておらず、粗野で女たらし（庶子は一四人）、国民に好意をもたれていなかった。

この折、海の向こうのオランダで、イギリスの政情に目を光らせている男がいた。ジェームズ二世の長女メアリー王女を妻に迎えたオラニエ公爵ウィレム三世である。チャールズ一世の娘メアリー（オラニエ公爵ウィレム二世と結婚）を母とするウィレムもまた、イギリスの王位継承権保持者だった。

ウィレムは機が熟したと見るや、一六八八年一一月五日、一万四〇〇〇の兵を率いてイギリス南西部のブリクサムに上陸し、王位を要求した。国民の大多数がオラニエ公爵の侵攻を歓迎した。ジェームズ二世はまず妻と息子ジェームズを従弟フランス王ルイ十四世の宮廷に逃がし、一二月一二日、自分もフランスに逃亡した。

一六八九年一月二八日、議会は、オラニエ公爵ウィレムをウィリアム三世として、その妻メアリーをメアリー二

オラニエ公の上陸　1688年11月5日、250隻を越える船を従え、オラニエ公ウィレムはブリクサムに上陸。祝砲をもって歓迎された

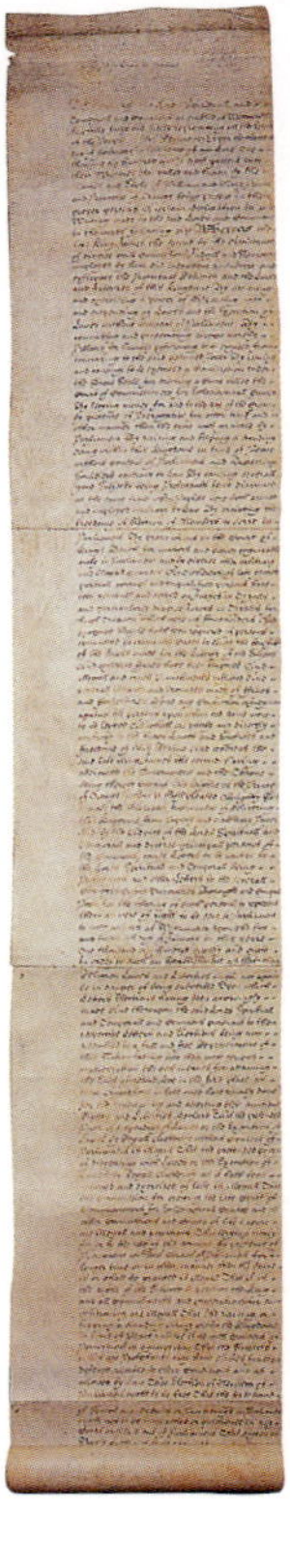

「権利宣言」　ジェームズ2世の逃亡により議会は王の空位を宣言し、国民の権利と自由について書かれた「権利宣言」を出す。そして、王位継承の条件として、ウィレムとその妻メアリーに「権利宣言」承諾を求めた

世として迎え、「共同君臨」とすることを宣言した。メアリーとウィリアムは、議会と人民の権利を列挙した「権利宣言」に署名した。イギリス王を追放し、外国から君主を迎え、一滴の血も流さず王位の交代がなされた「名誉革命」に、ヨーロッパの人びとは驚愕した。

　チャールズ一世を処刑した一六四九年の清教徒革命は、イギリスが絶対君主制を拒否したことの証明、一六六〇年の王政復古は共和国たることを拒否したことの証拠。イギリスは共和国であると同時に君主国たる道を発見したのである。

　チャールズ二世とジェームズ二世の母ヘンリエッタ・マリアは、癌の痛みをやわらげる阿片の吹いすぎから、一六六九年八月三一日にパリ近郊のコロンブで六〇歳の生涯を閉じた。王妃の遺体はひとり寂しくフランス王家の菩提寺サン・ドニ大修道院に横たえられたが、フランス革命時、王妃の墓は真っ先に略奪され、いまはあとかたもない。

メアリー２世　夫ウィリアム3世との共同統治を行なったため、イギリス王のひとりと数えられるが、そもそも配偶者に統治権はなく、イギリス史で唯一の共同統治であった。メアリーの死後、ウィリアム3世の単独統治となる

夫の愛人——メアリー二世

　メアリー二世は、栗色の髪と灰色の鋭い眼つきのウィリアム三世（一六五〇—一七〇二）に初めて会った時、嫌悪のあまり泣き出したという。メアリーより一二センチも背が低く痩せており、一二歳も年上の醜《ぶ》男《おとこ》。しかし結婚してからは、厳格だが行政力に優れた夫を尊敬するようになった。しかし、何よりもメアリーを悲しませたのは、夫と女官エリザベス・ヴィリヤーズの親密な関係だった。夫は妻の心情を理解せず、エリザベスを解雇しないよう命じたので、毎日、夫の愛人と顔を合わせなければならなかった。

　ウィリアム三世はチャールズ一世の孫とはいえ、ほとんどオランダ人であり、峻厳で真面目すぎる性格のためにイギリス国民に好感をもたれなかった。メアリーは夫に従うことに慣れ、統治には不向きで、慈善活動のほうに身を入れた。

　一七〇〇年、スペインのカルロス二世の死によってスペイン王家が断絶すると、フランス王ルイ一四世は孫のフィリップをスペインの玉座につけた（フェリペ五世）。ウィリアム三世はこれに反対し、プロシアとオーストリアとともにフランスと戦った（スペイン王位継承戦争）。一七一三年、ユトレヒト条約が結ばれ、反フランス諸国はフェリペ五世を承認した。フェリペ五世がフランスの王位を継承しない約束で、フランスから幾つかの利権を引き出し、矛《ほこ》を納めたのである。

　メアリー二世は一六九四年一二月、天然痘のために死去した。妹アン王女にも子がなく、イギリス王室の前途を憂いたウィリアム三世は一七〇一年に、王位を継ぐ者は「プロテスタントでチューダー王家の血を引く者にかぎる」とする王位継承令を議会で議決させた。

　翌年の二月、ロンドン郊外のハンプトン・コート宮殿で乗馬を楽しんでいたウィリアム三世の馬がもぐら塚につまずいた。彼は振り落とされて首の骨を折り、三月八日に亡くなった。

ブランディ・アン――アン女王

　王位を継いだのはメアリー二世の妹アン王女。アンは肥満体で痛風に苦しみ、歩くこともままならず、戴冠式では終始椅子に座ったままだった。アン

[右]若き日のアン女王　メアリー２世の妹で、肖像画を見比べるとどことなく面立ちが似ている。少女時代はスポーツを好み活動的だったが、年齢とともに肥満が進み、晩年はどこに行くにも輿に乗るようになった。左の肖像画はすっかり肥満体となったアンの姿

はデンマーク王子ゲオルグ（ジョージ）を夫に迎えていた。この夫は何を訊かれても、「え、ほんと」(Est il possible?)と答え、これがジョージのあだ名になった。夫婦仲はよかったが、不幸なことに、アンは一八人もの子を胎に宿しながら、一人も成長しなかった。この不幸の元凶は、スコットランド女王メアリー・スチュアートからジェームズ一世に遺伝した、ポルフィリン代謝異常疾患にあると思われる。この疾患が原因でアンの遺伝子に何らかの変化が生じ、子の成長を妨げたといわれている。のちのジョージ三世の精神異常もポルフィリン症と診断された。アン女王は、子を失う悲しみをブランディでまぎらわし、「ブランディ・アン」と呼ばれた。

　アン女王は異常ともいうべき寵愛の雨を女官サラ・ジェニングスに降り注いだ。サラは軍人ジョン・チャーチルと結婚した後も宮仕えを続けた。チャーチルは、スペイン王位継承戦争のさなかの一七〇四年、バイエルン西方ドナウ川沿いの小村ブリントハイムでフランス軍を打ち破った人物である。その報償として、オックスフォードシャー北のウッドストックに広大な地所を与えられ、豪壮なブレナム宮殿を建てた。このジョン・チャーチルは、妹アルベラがジェームズ二世の愛妾だったことから異例の出世をしたのだが、サラとの結婚でアン女王の側近となり、やがてモールバラ侯爵に叙される。第

[上]サラ・ジェニングス　アン女王とは少女時代からの親しい友人だった。1678年、マルボロ公ジョン・チャーチルと結婚。夫婦ともに女王にとりたてられる
[下]モールバラ公　サラの夫

ブレナム宮殿　マルバラ公ジョン・チャーチルが、スペイン継承戦争の報賞として得たオックスフォード北部の領地に建てた邸宅。このような、農村地に建てられた貴族の邸宅を「カントリー・ハウス」と呼ぶ（写真提供・英国政府観光庁）

二次世界大戦時の英雄ウィンストン・チャーチルは、ブレナム宮殿で生まれた。

一七一四年七月三〇日、アン女王は脳溢血のため四九歳で世を去り、ここで王家は絶えた。女王の夫ジョージは、既に一七〇八年に亡くなっていた。

次代イギリス王として招かれたのは、ハノーヴァー選帝侯ジョージ（独名ゲオルグ）である。ジョージは、ジェームズ一世の娘エリザベス・スチュアートの娘ゾフィアの子、つまりジェームズ一世の曾孫だった。ゾフィアはハノーヴァー選帝侯ブラウンシュヴァイク・リューネブルグ公爵エルネスト・アウグストゥスと結婚し、ジョージをもうけた。

スチュアート王家の血を引く末裔は四〇人ほどいたが、すべてカトリックで、プロテスタントはゾフィアだけだった。しかしゾフィアは既に一七一四年六月八日、七〇歳で他界していたので、ウィリアム三世の王位継承令により、ゾフィアの息子ジョージがジョージ一世として即位した。

ジョージ１世　英語がほとんど話せなかったため、イギリスでの意志疎通はフランス語を用いたという。言葉の問題もあってか、イギリスの政治にはあまり興味をもたなかった

VII ハノーヴァー王家

The Hanoverians

大英帝国の王たち

ジョージ一世からジョージ二世

英語が話せない王 ——ジョージ一世

ロンドン入りしたときのジョージ一世（一六六〇—一七二七）は五五歳ほど。妃ゾフィア・ドロテア（一六六六—一七二六、ブラウンシュヴァイク・リューネブルク公爵ゲオルク・ヴィルヘルム娘）との間に長男ジョージと長女ゾフィア（プロイセン王ヴィルヘルム一世に嫁ぎ、プロイセンをヨーロッパ最強の国家に育てたフリードリヒ大王を産んだ）をもうけた。ジョージ一世の一行に二八歳の息子はいたが、王妃の姿はなかった。この父と子は優れた武将ではあったが、背が低く、醜く、粗野で礼儀知らず、王者の威厳は

ハノーヴァー王家

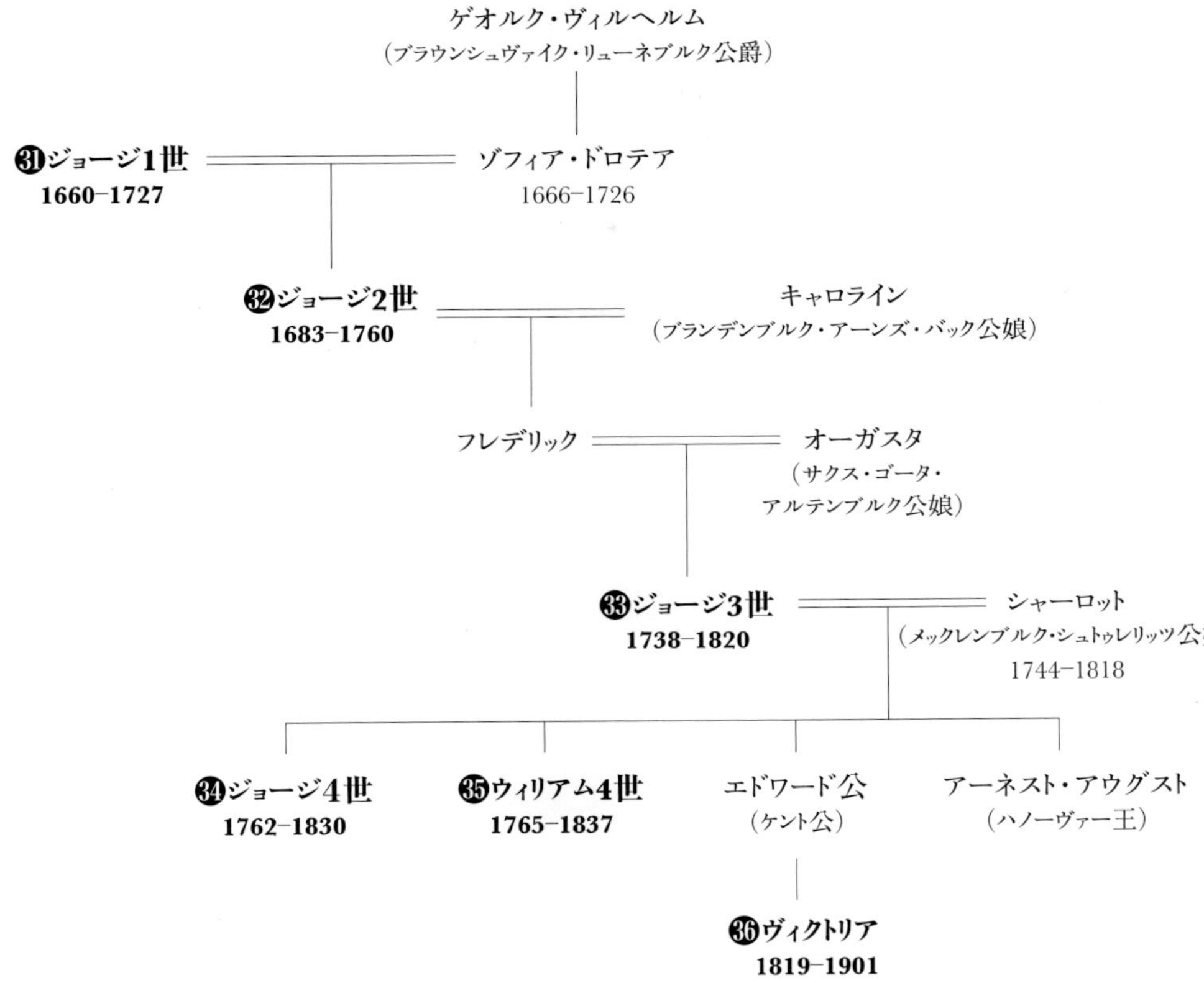

みじんもなく、王冠が懐に転がり込んできたことにいささかの感謝の念も抱いていなかった。

ジョージが絶世の美女、従妹にあたるゾフィア・ドロテアと結婚したのは一六八二年。当初は幸せだった。ジョージはやがて母の女官エーレンガルド・メルジナを愛人にする。メルジナは背がずばぬけて高く、骨ばっていて痩せぎす、裏では案山子《かかし》と呼ばれていた。美しい妃をかえりみず、醜女のメルジナに熱をあげるジョージには、美人コンプレックスがあったようだ。

ジョージはロンドン入りの際、シャーロット・キールマンセッゲも伴っていた。シャーロットは肥満体、陰では「象」と呼ばれた。痩せぎすなのはメルジナだけで、イギリスで見つけた愛妾はそろいもそろって肥えており、「脂棒《グリージー・ポール》」と嘲笑された。愛人たちは、王との面会を望む者から賄賂をまきあげ、懐を肥やし、宮廷には退廃の空気が濃く漂うようになった。

夫の放蕩に対抗するかのように、ゾフィア・ドロテアは、ハノーヴァー軍のスウェーデン人の守備隊長で美男の女たらし、ケニヒスマルク伯爵フィリップ・クリストフと恋に落ちた。これを知ったジョージは妻を離婚する。ゾフィア・ドロテアは父の領内のアールデンの城に幽閉され、フィリップ・クリストフは忽然と姿を消した。のちにジョージ二世のハノーヴァーの屋敷の改修工事が行なわれた際、公妃の着替え室から絞め殺されたフィリップ・クリストフの死体が発見された。カーテンの表地と裏地の間に隠されていた、公妃宛ての彼の手紙も見つかったという。ゾフィア・ドロテアは幽閉の身のまま、一七二六年に、六〇歳で亡くなった。

　ジョージ一世は英語を話せず、大臣たちはラテン語で意志の疎通をはからなければならなかった。またジョージ自身はイギリスの政治に関心がなかったため、ロバート・ウォルポール卿がイギリス初の首相として政権を握り、議会に責任を負う責任内閣制を発展させた。ウォルポールは一七一七年に一度野に下るが、イギリス政府が関与した南海泡沫会社の投機事業が失敗した後を受けて首相として返り咲き、その後二〇年間政権を維持した。ジョージ

[上] ロバート・ウォルポール　1676-1745年。イギリス初代首相で在任期間は1721-42年。ジョージ1世治世下で大蔵卿を務めていた際に起きた金融恐慌の混乱を収拾したことから王の信任を得る
[下] ジョージ2世　ジョージは肖像画に並々ならぬこだわりがあった。図版は1744年に画家トーマス・ハドソンによって描かれたもの

一世は政務をウォルポール卿に任せてたびたび里帰りし、愛するハノーヴァーに長期滞在した。そのために「君臨すれども統治せず」という立憲君主制が確固たるものとなった。

一七二七年六月、オランダで下船したジョージは、あらかじめ用意された馬車に乗りハノーヴァーを目ざした。途中、メロンを山のように食した後で下痢になり、脳溢血を併発。オスナブリュックの城に到着するやいなや、昏睡状態に陥り、同年六月一二日に亡くなった。六七歳だった。

小意気なジョージ——ジョージ二世

父の急死に伴い、息子ジョージがジョージ二世（一六八三—一七六〇）として王位を継いだ。

ジョージは二二歳の時、ブランデンブルク・アーンズバック公爵ヨハン・フリードリヒの娘キャロライン（一六八三—一七三七）と結婚した。幸せな結婚だった。四男五女が生まれたが、成長した男子は二人だけである。ジョージ二世は自分たちから

[上]ジョージ２世妃キャロライン
1683-1737年。1727年に描かれた肖像画。ひじょうに重そうなスカートをはいているが、このスカートは常に滑車でひっぱりあげなければならなかったほどだったという

[下]ヘンデル『王宮の花火の音楽』
1748年、オーストリア継承戦争の終結を祝って作曲された。図は、テムズ川で行なわれた祝典の様子

デッティンゲンの戦い　オーストリア継承戦争中の1743年に起きた戦い。この戦争は、オーストリアから飛び火してイギリス対フランスの戦争にも発展し、カナダでも激しい戦闘がくり広げられることになる。このカナダでの英仏戦争（七年戦争）で活躍したジェームズ・ウルフ将軍は、このデッティンゲンで戦功を認められ、出世した

母を奪った父ジョージ一世を憎み、嫌悪していた。しかし息子もまた父に似て女好きで、幾人もの女性に手を出し、しかも愛人たちに、家族が住むレスター・ハウスに居室まであてがった。生来几帳面なジョージは、毎晩、懐中時計を見て、きっかり午後九時に愛妾のところに出かけた。

ジョージ二世は痔もちで、痛みがひどい時は凶暴になった。父に似て音楽が大好きで、ヘンデルを宮廷付き音楽家にとりたてた。キャロライン王妃は夫の短所を補い、大臣たちの信頼を得て国政にも関わったが、極力表に出ないように努めた。王妃には教養があり、克己心に富み、忍耐強かった。夫が七、八時間もぶっ続けに戦争や系図についてまくし立てるのにもじっと耳を傾けた。それでも「小意気なジョージ、威張ってみるのもよいけれど、統治しているのはキャサリン王妃だ」と戯れ歌に唄われた。

やがてジョージ一世時代の悪夢が繰り返される。長男フレデリック・ルイースは父ジョージ二世と仲が悪く、諍いが絶えなかった。一七三七年一一月、キャロライン王妃はヘルニアの手術を受けた後、激痛に苦しみながら息を引きとった。五四歳だった。王妃の死去は、政務をあずかるウォルポール卿にとっても大きな打撃だった。後ろ盾を失ったウォルポールは一七四二年の総選挙で敗れて再び野に下り、その三年後に死去した。ウォルポールの没後、政権の座についたのはウィリアム・ピットである。彼は議会寄りホイッグ党と王党派の系統トーリー党（一八三二年に保守派と改称）の両党連立政府を支持して首相となり、一七六八年に下野するまで政界で活躍した。

ジョージ二世は戦争が好きだった。一七四〇年にマリア・テレジアがオーストリア君主として即位し、フランスがそれに反対すると、ジョージはこれに介入して自ら出陣し、一七四三年、

バイエルンのデッティンゲンでフランス軍を敗走させた。ジョージ二世は直接軍隊を指揮した最後のイギリス王となる。

一七五一年、四八歳になるフレデリック・ルイース皇太子が、クリケットのボールで頭を打たれて死亡した。そのために、皇太子がドイツのサクス・ゴータ・アルテンブルク公爵フリードリヒの娘オーガスタとの間にもうけた長男ジョージ（のちのジョージ三世）が次期王位継承者となった。

それからほぼ九年後の一七六〇年、ジョージ二世はケンジントン宮殿に滞在中、いつものようにチョコレートを飲んで朝食を終え、用便のために化粧室に入った。ドスンという音を聞きつけて侍従が駆けつけたところ、国王が倒れていた。その数分後に動脈瘤破裂で亡くなった。王の遺体は、ウェストミンスター寺院に眠るキャロライン王妃の隣に横たえられた。

ジョージ二世の時代に、一方のイギリスは内外で飛躍的な発展を遂げた。フランスはインドで大敗を喫し、イギリスはカナダ、西インド諸島のグアドループ、アフリカのセネガルを手に入れ、大英帝国時代が始まった。

お百姓のジョージ ——ジョージ三世

ジョージ二世の孫ジョージ三世（一七三八—一八二〇）が即位したのは、二二歳。最初の議会で「私はこの国に生まれ、この国で教育を受けた。イギ

[上] ジョージ３世　「農夫のジョージ」「お百姓のジョージ」と国民の親しみを得る一方、質素過ぎる生活は風刺の対象となることも多かった。倹約した金は議員買収にも使われた
[下] ジョージ３世妃シャーロット　王妃選びに対する周囲の圧力に嫌気がさしたジョージが、自ら使者をドイツに差し向け、探してきた女性だった。夫婦仲はよかったが、子どもたちの不品行に悩まされた

リス人であることを誇りに思う」と演説し、喝采を浴びた。草花や植物に興味を抱き、三つの農場をもち、畑を耕し、「お百姓のジョージ」と親しみを込めて呼ばれた。

一七六一年、ジョージは、メックレンブルク・シュトゥレリッツ公爵カールの一七歳になる娘シャーロット（一七四四―一八一八）と結婚した。他の王のように愛人をもつこともなく、生涯王妃を大切にした。シャーロットは決して美人ではなかったが、スラブ系特有のピンク色の白い肌をもつ健康な女性で、九男六女を産み、二人を除いてみな成人した。ジョージもシャーロットも華美を嫌い、質素な暮らしを好んだ。

一七六四年、ジョージ三世はポリフェリン症のために、突然精神の異常をきたした。異常に苛立ち、強迫観念にかられ幻覚に悩まされた。すぐに病から回復したが、一七八三年に新大陸のアメリカが独立すると、ジョージはまたもポリフェリン症に見舞われた。翌年には回復したが強迫観念につきまと

[右ページ上] ジョージ４世　ジョージ３世が精神を病んでから、摂政として政治を行なった。しかし、その放蕩ぶりから莫大な借金をつくった
[右ページ下] ウィリアム４世　ジョージ３世とシャーロット妃の三男。兄ジョージ４世の死後、イギリス王となる
[右] ジョージ３世の家族　王と王妃が設けた15人の子どものうち、上から６人の息子娘と共に描かれた肖像画
[上] アメリカ独立　イギリス政府による植民地課税に反抗し、アメリカ独立戦争が勃発。1776年、独立宣言が認められ、イギリス王の銅像は破壊された

われ続けた。さらに隣国のフランスで起きた革命（フランス革命）がジョージを脅やかした。そして一八一〇年、末娘アメリアの死が引き金となって、またも同じ病に見舞われる。翌年二月、「摂政令」が議会で可決され、ジョージの長男ジョージが摂政となる。

一八二〇年一月二九日、ジョージ三世は亡くなった。享年八二歳。二年ほどまえに王妃が亡くなっていたが、既に王妃の死去を理解できる状態ではなかったという。晩年のジョージは目が見えず、耳も聞こえなくなっていた。

ジョージ三世の子どもたちは「良く言って風変わりな奇人揃い、悪く言えば不良、面目きわまりない存在で、愚鈍な血統の残滓だった」。王子たちの愛人から生まれた庶子は数えきれないほどいたが、長男で次代の王ジョージ四世（一七六二―一八三〇）にも、その次の王で次男のウィリアム四世（一七六五―一八三七）にも、王女たちにも子はなかった。イギリス王室はやがて後継者が誰もいなくなるという非常事態に陥る。

女帝
ヴィクトリア女王

the Hanoverians

アルバートとの恋

ヴィクトリア（一八一九―一九〇一）の父はジョージ三世の四男ケント公爵エドワード、母はサクス・コバーグ・ザールフェルト公爵の娘ヴィクトリア・メアリー・ルイーズだった。次世代の王位継承者が皆無となったので、ケント公爵は五〇歳を過ぎてあわてて結婚し、ヴィクトリアをもうけた。ヴィクトリアが生後八カ月のときにケント公爵は亡くなった。

一八三六年夏、ヴィクトリア一七歳の時、ケント公爵夫人の兄サクス・コバーグ・ザールフェルト公爵の息子、エルネストとアルバートが来訪した。公爵家の跡継ぎエルネストは国を離れられなくても、次男アルバートはどこにでも移り住める。アルバートは背丈こそ一六七センチ余りしかないが、教養があり知的で、きりりとした美男の王子だった。ヴィクトリアは王子をひとめ見るなり恋に落ちた。ともに同い年でいとこ同士。ヴィクトリアは日記

ヴィクトリア女王夫アルバート 1819-61年。ヴィクトリアの良き夫だった。女王の政治を助け、王室内でも数々の改革を行なった。ヴィクトリアにイギリス系の夫を臨んでいた国民からは当初、歓迎されていなかったが、今ではケンジントン宮殿庭園にアルバートの銅像が建てられている

に記した。「アルバートはとてもハンサムだ。髪の色は私の髪の色と同じく鳶色。眼は青くて大きい。美しい鼻、並びのよい歯、甘い唇をしている。もっとも魅力的なのは顔の表情だ、本当に素敵な表情を見せる」。

中産階級の模範

一八三七年六月二〇日、ウィリアム四世が死去し、ヴィクトリアは女王となった。

一八三九年二月、ヴィクトリア女王とアルバート王子は結婚した。ヴィクトリアは日記に記した。「これほど素晴らしい夫に恵まれ、どう感謝すればいいのだろう。これまでただの一度も耳にしたことがなかった優しい呼び名をささやかれて、私は天にも昇るような歓喜にひたりきっている」。

ヴィクトリア女王はアルバート王子と暮らした一七年間に四男五女を産んだ。夫婦仲は睦まじく、子だくさんの女王一家はイギリス中産階級の模範になる。ヴィクトリア女王の孫は四〇人、曾孫は三七人。どの国も王政が強固なイギリス王室との婚姻を望んだ。ところが、これが悲惨な結果を招く。女王に血友病の遺伝子があったために、この病がヨーロッパ中の王室に広がり、ロシアとスペイン王室は存亡の危機に

ヴィクトリア女王　1838年6月28日、女王の戴冠式

ヴィクトリアの家族
左から女児の服を着た次男アルフレッド、長男エドワード、ヴィクトリア、アルバート、次女アリス、三女ヘレナ、長女ヴィクトリア

瀕した。

アルバートは豊かな教養と聡明さで女王を支え、一八五一年にはハイド・パークに水晶宮を建設して第一回万国博覧会を成功させ、社会福祉に力を尽くし、国民の信頼と尊敬を勝ちとる。しかし一八六一年、四二歳の若さで腸チフスのために亡くなった。女王は悲嘆にくれ、公務の遂行を拒み、以来、喪服を脱ごうとせず、「ウィンザーのウィドウ」(The Widow of Windsor)と呼ばれた。

ヴィクトリア女王の時代に、イギリスは最盛期を迎える。それを象徴するかのように、一八七六年、女王は「インド女帝」の称号を授けられる。一八九七年、ヴィクトリア女王の在位六十年を祝して、盛大な記念式典が挙行された。それからほぼ四年後の一九〇一年一月二二日、女王は八二歳で亡くなった。

不肖の息子——エドワード七世

ヴィクトリア女王は、長男エドワー

ロンドン万国博覧会 1851年5月1日〜10月15日に開催され、入場者数はのべ600万人を越えた

ヴィクトリア在位60年記念式典 この4年後、女王は、イギリス南東部ポーツマスの先のワイト島にあるオズボーン宮殿で生涯を閉じた。在位64年は、イギリス史上最長

エドワード7世　12歳の時の写真

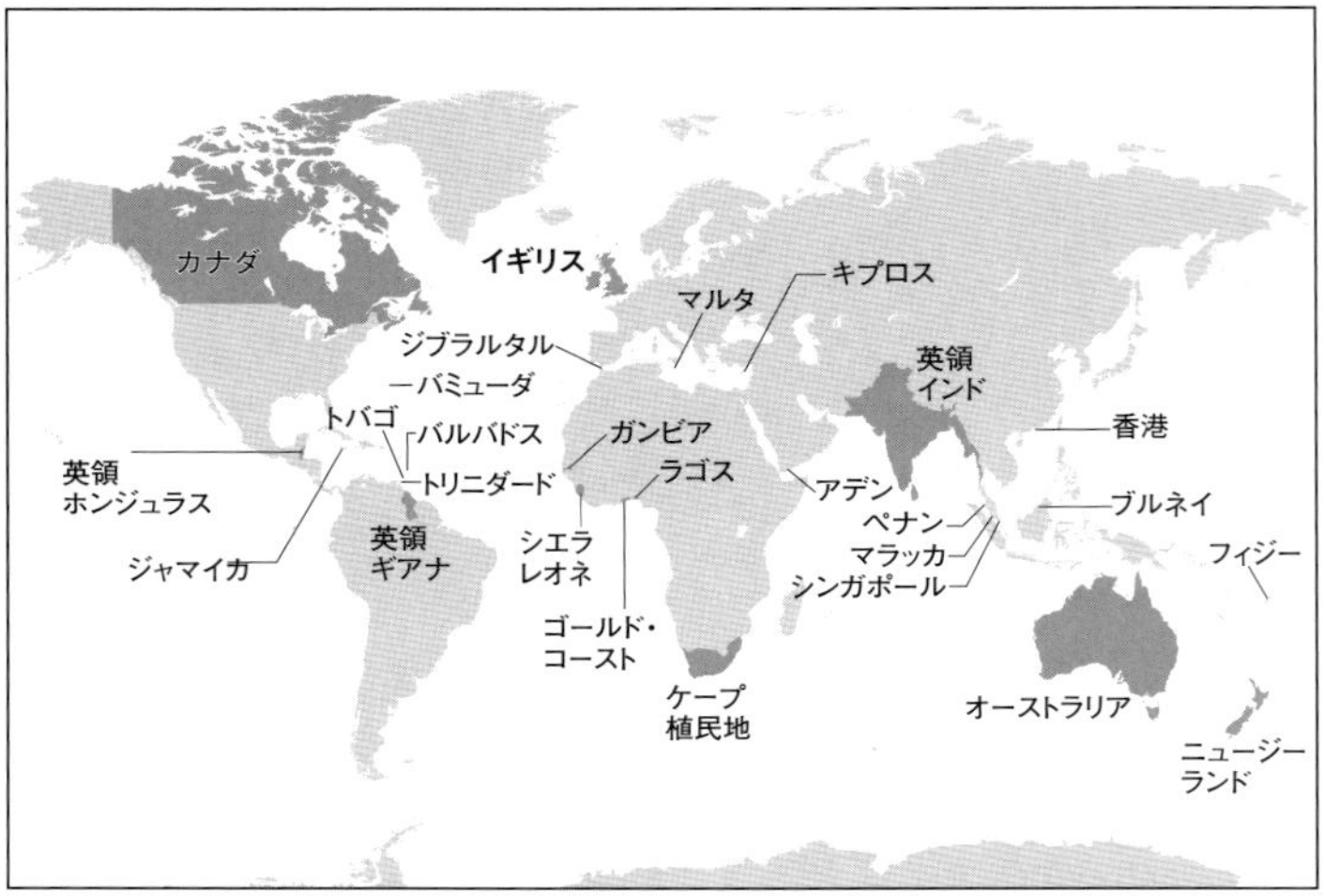

19世紀末の大英帝国　ヴィクトリア女王の時代に、大英帝国は絶頂期を迎えた。地図上、色濃い部分がイギリスの領土

エドワード7世とアレグザンドラ妃　夫婦仲はあまりかんばしいものではなかった。初夜の晩には、既に関係が冷めていたともいわれている

母親との不仲　ヴィクトリアとエドワードの不仲を描いた風刺画。エドワードは幼い頃から厳しい帝王教育を受けた。母ヴィクトリアは息子を「愚かな息子」とみなしたが、一方で高齢の女王を助け、公務をこなした

ドが君主にふさわしい人間でないのを見抜いていた。とはいっても、いずれは大英連合王国を担う身、厳格すぎる教育方針で王子を養育した。しかしエドワードにはそれに耐える能力はなく、放蕩に走り、両親を落胆させた。

一八歳の誕生日に、父は息子に「人生は義務から成っている」と記して息子に渡した。息子は父からの誕生日のカードに目を通すやいなや、破り捨てた。

エドワードは二二歳の時に、デンマーク王女アレグザンドラと結婚した。美しい妻がエドワードを放蕩から遠ざけてくれるようにとの両親の願いはむなしく、子をもうけると、義務は果たしたとばかりにまたも酒と女遊びと賭博にうつつをぬかした。ヴィクトリア女王は日記に「私が死んだら、この国はどうなることやら」と記した。大勢いた愛人のなかで一番有名なのが、アリス・ケッペル夫人である。現皇太子チャールズの妻となったカミラ・パーカー・ボールズはアリス・ケッペル夫人の曾孫にあたる。

column

バース騎士団

ウェストミンスター寺院のヘンリー七世の礼拝堂を訪れると、両脇に掲げられたきらびやかな紋章付きのたくさんの旗に驚かされる。旗には、現存するバース騎士たちの家紋が付いている。バース騎士団とはガーター騎士に次ぐ高い位にあり、伝統はヘンリー四世が戴冠式に、王に対する貢献のあった者を、戴冠式当日に騎士に叙したことに端を発する。

この騎士団はチャールズ二世の戴冠以来中断されていたが、一七二五年五月一八日に、ジョージ一世によって復活された。イギリス君主、騎士団長、そして三六人の騎士から構成され、騎士が亡くなり空きができたときにのみ補充される。元アメリカ合衆国大統領ロナルド・レーガン、元アメリカ合衆国大統領ジョージ・ブッシュ、元ニューヨーク市長ルドルフ・ジュリアーニも名誉騎士に叙された。

バース（bath）は入浴するという意味。式典に参列する前に、ロンドン・シティの浴場で身体を清めた後、祈り、黙想し、ミサにあずかり、それから叙爵される。

ジョージ５世一家　バッキンガム宮殿での王一家。左からジョージ5世、長男エドワード、長女メアリー、メアリー王妃

VIII サクス・コバーグ・ゴーダ王家からウィンザー王家

The House of Saxe-Coburg-Gotha and Windsor

世界のなかのイギリス

ジョージ五世からジョージ六世

王室の改名——ジョージ五世

ヴィクトリア女王がサクス・コバーグ・ゴータ家のアルバート王子と結婚し、その長男エドワード七世が即位した時、王家の名称は父方の名称を採用してサクス・コバーグ・ゴータとなった。

エドワード七世とアレグザンドラ王妃の長男アルバート王子が二八歳で肺炎を患い病没したために、次男のジョージ（のちのジョージ五世、一八六五—一九三六）が王位継承者となった。ジョージは亡き兄アルバートの許婚メアリー・オブ・テック（一八六七—一九五三）を妃に迎えた。メアリーの母はジョー

ウィンザー城　ウィンザー王家の名称の由来となった居城。築城はウィリアム１世にまでさかのぼる古城である。ロンドン近郊にあり、現エリザベス女王はここで週末を過ごす（写真提供・英国政府観光庁）

ジ三世の七男ケンブリッジ公爵アドルファスの長女、父はテック公爵フランシス・ポール、ロンドンのケンジントン宮殿で生まれ育った。一九一〇年、ジョージは四五歳の時、父エドワード七世の死去により、ジョージ五世として即位した。

一九一四年、ヨーロッパは第一次世界大戦に突入した。ドイツと戦うイギリス人の心情を考慮して、ジョージ五世は王朝名をサクス・コバーグ・ゴータから、居城のウィンザー城にちなみウィンザーに変えた。

ジョージ五世と王家の人びとの働きは国民の信頼を集めた。王と王妃は戦地に、野戦病院に、輸送船に、病院船に、艦艇に出向き、激励して回り、国民とともに戦う王として敬愛された。ジョージ五世は黙々と公務をこなした。

共和主義の波はひたひたとヨーロッパに押し寄せ、イギリスでも労働党の勢力が拡大していた。国王も大臣たちも口にこそしなかったが、イギリスが世界大戦で負けたら、王制は廃止されるであろうと考えていた。二〇世紀初

サクス・コバーグ・ゴータ王家からウィンザー王家

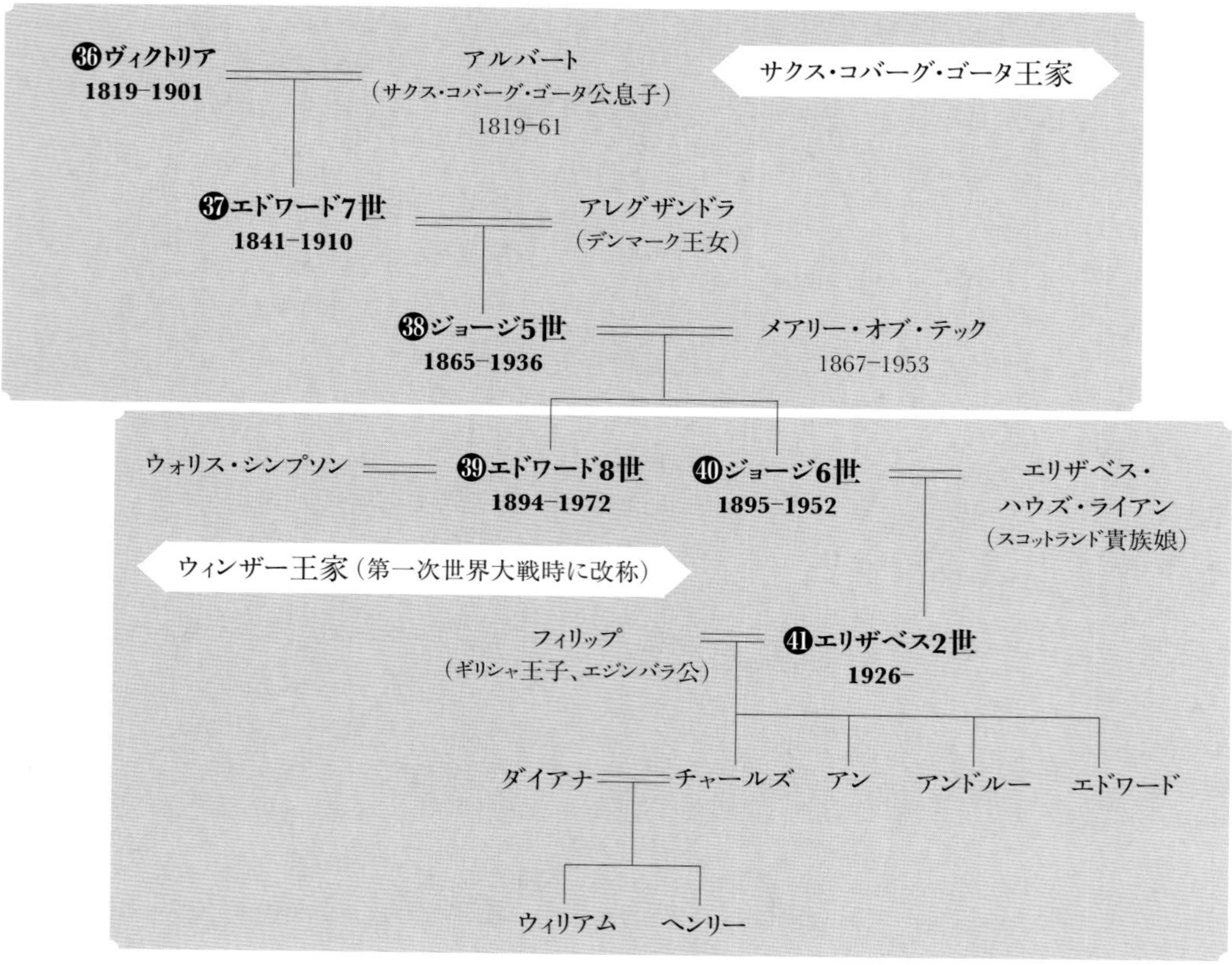

頭のヨーロッパでは、フランスとスイスとイタリア山中のサンマリノを除いて、すべての国が君主制をとっていた。この大戦をはさんで、ジョージ五世の治世中、オーストリア、ドイツ、セルビア、ボヘミア、スロヴェニア、ハンガリー、ポーランド、ロシアなどで君主制が廃止され、多くの小国の君主たちが歴史の闇に消えていった。ドイツ皇帝ウィルヘルム二世はジョージの従兄にあたり、ロシア皇帝ニコライ二世にはジョージの従妹アレグザンドラが嫁いでいた。ジョージ五世は二人の皇帝が存亡の危機に瀕しているのに、援助せずに見捨て、冷酷だと非難された。しかし、イギリスの玉座を次世代に渡す大役が課せられていたジョージには、他国の王にかまってなどいられなかった。

一九三六年一月一七日、ジョージ五世は日記に「どうも、耄碌したようだ」と記した。それから三日後、気管支炎のために死亡した。七一歳だった。

王冠を賭けた恋
——エドワード八世

亡きジョージ五世は、「私が死んだら、皇太子は三カ月以内に破滅するだろう」とスタンレー・ボールドウィン首相に生前語ったが、予言は見事に的中する。

ジョージ五世が世を去った時、世界は第二次大戦へと向かっていた。大英帝国は徐々に解体し、ドイツとの戦争は必至だった。先の大戦でイギリスは戦勝国となったが、終戦とともに軍需景気がストップすると、石炭、綿業、鉄鋼、造船、機械工業など、イギリスを代表する産業は不況に陥り、経済は停滞し、物価は急騰した。

お洒落で遊び好き、気さくなエドワード八世（一八九四—一九二七）は、皇太子時代から国民に人気があった。儀式や格式にとらわれないライフ・スタイル、失業問題や労働者の住宅問題に関心を寄せ、大衆のなかに飛びこみ、こだわりなく話しかける姿勢は新しい時代の王室を連想させた。

さまざまな女性と浮き名を流しながら一向に結婚する様子をみせなかったエドワードだったが、一九三一年一月、あるパーティで、ウォリス・シンプソン夫人と運命の出会いをする。ウォリスはアメリカ人、しかも離婚歴があり、エドワードが出会った時は、船舶会社の役員をしている夫の赴任に伴いロンドンに在住していた。ロンドンの社交界では「しわがれ声の、魅力のない二流のアメリカ女性」と言われ、注目されてはいなかった。

ウォリスは皇太子のハートを射止めると、ウィンザー城近くの皇太子の別邸フォート・ベルベデーレに乗り込み、皇太子のすべての生活に関わるようになる。貧しい育ちのウォリスは皇太子との結婚を望んだ。一九三六年、ジョージ五世が死去し、エドワード八世の即位宣言がセント・ジェームズ宮殿で行なわれた。

時のボールドウィン首相は、シンプソン夫人が離婚の手続きを始めている

[上]エドワード8世とシンプソン夫人　王冠よりも恋を選んだエドワードは、退位後はオーストリアやフランスで悠々自適な生涯を送った
[下]戦場でのジョージ5世　第一次世界大戦でイギリスとドイツは敵対。ドイツ出身のジョージは、血を分けた者たちと戦わねばならなかった

ジョージ6世　エドワード8世の突然の退位には、思わず「ひどいよ」とつぶやいたという。写真は第二次大戦中に北アフリカを訪ねた時のもの

のを知って仰天する。そしてシンプソン夫人の離婚判決がロンドン郊外の裁判所で出されると、新聞は「国王とアメリカ女性の結婚は間近」と書き立てた。首相は国王とシンプソン夫人の結婚に反対した。イギリス国王は英国国教会の首長でもある。プロテスタントの国王が二度の離婚歴のある女性と結婚することはできない。

王冠か恋か。エドワードは王冠を捨てた。

一九三六年一二月一一日午後一〇時、エドワードはウィンザー城からBBC放送を通じて国民に退位宣言をした。王冠を戴いていたのはわずか一一カ月だった。

国民とともに――ジョージ六世

エドワード八世の退位とともに、王冠は次男のヨーク公爵ジョージ（のちのジョージ六世、一八九五―一九五二）に回ってきた。これこそジョージが一番恐れていたことである。彼には強度の言語障害（吃音）があり、言葉を用いずにすむ海軍に身を投じ、第一次世界大戦では数々の戦功をあげた。できれば裏方に徹していたかったのだ。

一九三六年一二月、ジョージ六世が即位し、翌年の五月一二日、ジョージ六世はエリザベス・バウズ・ライアン王妃（スコットランド貴族ストラスモア・キングホーン伯爵の娘）とともに戴冠した。ジョージはすでにエリザベス王妃との間に、エリザベスとマーガレットの二人の娘をもうけていた。国王は第二次世界大戦中もロンドンを離れず、国民を激励し、エリザベス王妃の献身と内助の功もあって「よき王」として国民の敬愛を集めた。

戦後、国王は南アフリカなどを訪れ、大英連邦の絆を強固にするべく力を尽くした。そして、一九五二年二月六日、王女エリザベスが英連邦を訪問している最中に肺癌のために亡くなった。寡黙で恥ずかしがり屋、君主にだけはなりたくなかった男が大きな重荷を背負わされる運命となったのだが、どの国王にもまして国民に愛される王となった。

王室の現在 エリザベス二世

The House of Saxe-Coburg-Gotha and Windsor

女王として育つ

エリザベス二世（一九二六—）が一〇歳の時、父がジョージ六世として即位した。ジョージ六世の母で祖母にあたるメアリー・オブ・テックは、孫娘エリザベスの帝王教育に情熱を傾けた。彼女は孫娘の即位を目にし、翌年、八六歳で天国に召された。

第二次世界大戦が始まるとエリザベスは看護婦を志望したものの、父王の許しは得られなかった。代わりに、大型自動車の免許を取得した。戦争が終わり、父とともに、南アフリカを訪問しているときに、ケープ・タウンで、二十一歳の誕生日を迎えた。王女はラジオで「全生涯をイギリス連邦のために捧げる決意である」と表明し、多くの民の心を揺さぶった。

エリザベス２世　2011年現在で在位59年とヴィクトリア女王に迫る。写真は1953年６月２日の戴冠式

メアリー・オブ・テック
ジョージ５世妃

エリザベス２世戴冠式　カンタベリー大司教より王冠を戴く女王

バッキンガム宮殿　ロンドンにある現王室の宮殿。ヴィクトリア女王の時代に王室の宮殿となった

世紀の結婚 1981年7月29日、結婚式後にバッキンガム宮殿バルコニーでキスをするチャールズとダイアナ（写真提供・ロイター=共同）

南アフリカの旅から戻ってまもなく、エリザベスはフィリップ・マウントバッテンとの婚約を発表した。一三歳で出会った時から、フィリップにはほのかな恋心を抱いていた。フィリップは長身で端整な面立の貴公子だった。

一九二一年、ギリシャ北西海岸沖のコルフ島で生まれた。父アンドリューはギリシャ王子、母アリスはヴィクトリア女王の曾孫にあたる。フィリップはイギリス海軍に身を投じ、戦後、ギリシャ・デンマーク王子の称号を放棄し、母方の姓マウントバッテンを名乗り、イギリスに帰化していた。

一九四七年一一月、エリザベスとフィリップはウェストミンスター寺院で結婚した。一九四八年、チャールズ皇太子が、一九五〇年にはアン王女が、その後、アンドリュー王子とエドワード王子が産まれる。

一九五二年、エリザベス二世は南アフリカ訪問の旅の途中、ケニヤで父の訃報を受けた。その日から今日まで、女王は二〇世紀の君主に期待される責任を沈着冷静に実行してきた。クリス

[上]ロイヤル・ファミリー　まだ、ダイアナとチャールズが結婚していた頃のイギリス王室一家（写真提供・ロイター=共同）
[下]ダイアナ妃葬儀　1997年9月5日の写真。翌6日の葬列を見送るために徹夜で沿道に並ぶロンドン市民（写真提供・ロイター=共同）

マス・メッセージをはじめ、定期的に国民との接触をはかった。女王の姿勢は威厳を失わず、しかし親しみのもてるものであった。

ダイアナ妃

順風満帆に見えたイギリス王室が暗雲に包まれるのは、一九八一年にチャールズ皇太子とレディ・ダイアナがセント・ポール大聖堂で結婚してからである。皇太子が生粋のイギリス女性を妃に迎えるのは、ヘンリー四世がヘレフォード伯爵の娘メアリー・ド・ブーンと結婚(一三八一年)して以来のこと。国民は熱狂してこの結婚を歓迎した。

しかし、チャールズは結婚してからも、年上の人妻カミラ・パーカー・ボールズとの関係を続け、ダイアナ妃は夫の不貞に報復するかのように男性遍歴を重ねた。結局、皇太子夫妻は一九九六年に離婚。ダイアナ妃は翌年の八月三一日、エジプト人の大富豪の息子ドディ・アルファイドと一緒に乗っていた車で大事故に遭い、パリで三六歳の短い生涯を閉じた。他の子どもたち、長女のアン王女と三番目のアンドリュー王子も離婚し、女王の子育てが問題視された。

女王の母、エリザベス皇太后は娘の治世を全力で支え、二〇〇二年三月三〇日、一〇一歳と七カ月の長寿をまっとうして亡くなった。

二〇〇二年六月三日、ロンドンで、エリザベス女王の即位五〇周年を祝う行事が行なわれた。一〇〇万人のイギリス国民がロンドンに押し寄せ、女王の長寿を祝した。

王室は再び生気を取り戻したかにみえた。外国から妃と王を迎え、親族にあたる外国の王家が存亡の危機に瀕しても手助けせず、冷酷と非難されながらも、したたかに存続をはかってきたイギリス王室。ダイアナ妃が産んだウィリアム王子とヘンリー王子には、これまでのどの王族よりも、イギリス人の血が濃く流れている。ダイアナ妃が短い生涯を捧げた慈善活動とともに、二人の王子はイギリス国民の希望の星となっている。

column

王室の紋章

ウィリアム一世征服王、ウィリアム二世、ヘンリー一世の紋章は、赤地の盾に歩く金色のライオン三頭を配したものだった。百年戦争でフランスを圧したエドワード三世は盾を四等分して、第一と第四クォーターに、青地に金色の百合のフランス王室の紋をとり入れて「フランス王」を称した。百年戦争後も、歴代のイギリス君主はこの紋章を踏襲してフランス王を名乗り、百合の花が除かれたのはウィリアム四世の時代の一八〇一年であった。

イギリス国王一覧表

王名	生没年	在位

ノルマン王家

ウィリアム1世	1027頃-87	1066-87
ウィリアム2世	1060頃-1100	1087-1100
ヘンリー1世	1068-1135	1100-1135
スティーヴン	1097-1154	1135-54

プランタジネット王家

ヘンリー2世	1133-89	1154-89
リチャード1世	1157-99	1189-99
ジョン王	1167-1216	1199-1216
ヘンリー3世	1207-72	1216-72
エドワード1世	1239-1307	1272-1307
エドワード2世	1284-1327	1307-27
エドワード3世	1312—77	1327—77
リチャード2世	1367-1400	1377-99

ランカスター王家

ヘンリー4世	1367-1413	1399-1413
ヘンリー5世	1387-1422	1413-22
ヘンリー6世	1421-71	1422-61／1470-71

ヨーク王家

エドワード4世	1442-83	1461-70／1471—83
エドワード5世	1470-1483	1483-83
リチャード3世	1452-85	1483-85

チューダー王家

ヘンリー7世	1457-1509	1485-1509
ヘンリー8世	1491-1547	1509-1547
エドワード6世	1537-53	1547-53
メアリー1世	1516-58	1553-58
エリザベス1世	1533-1603	1558-1603

スチュアート王家

ジェームズ1世	1566-1625	1603-25
チャールズ1世	1600-49	1625-49
チャールズ2世	1630-85	1660-85
ジェームズ2世	1633-1701	1685-88
メアリー2世	1662-94	1689-94
ウィリアム3世	1650-1702	1689-1702
アン女王	1665-1714	1702-14

ハノーヴァー王家

ジョージ1世	1660-1727	1714-27
ジョージ2世	1683-1760	1727-60
ジョージ3世	1738-1820	1760-1820
ジョージ4世	1762-1830	1820-30
ウィリアム4世	1765-1837	1830-37
ヴィクトリア女王	1819-1901	1837-1901

サクス・ゴバーグ・ゴータ王家

エドワード7世	1841-1910	1901-1910

ウィンザー王家

ジョージ5世	1865-1936	1910—36
エドワード8世	1894-1972	1936-36
ジョージ6世	1895-1952	1936-52
エリザベス2世	1926-	1952-

主な宮殿地図

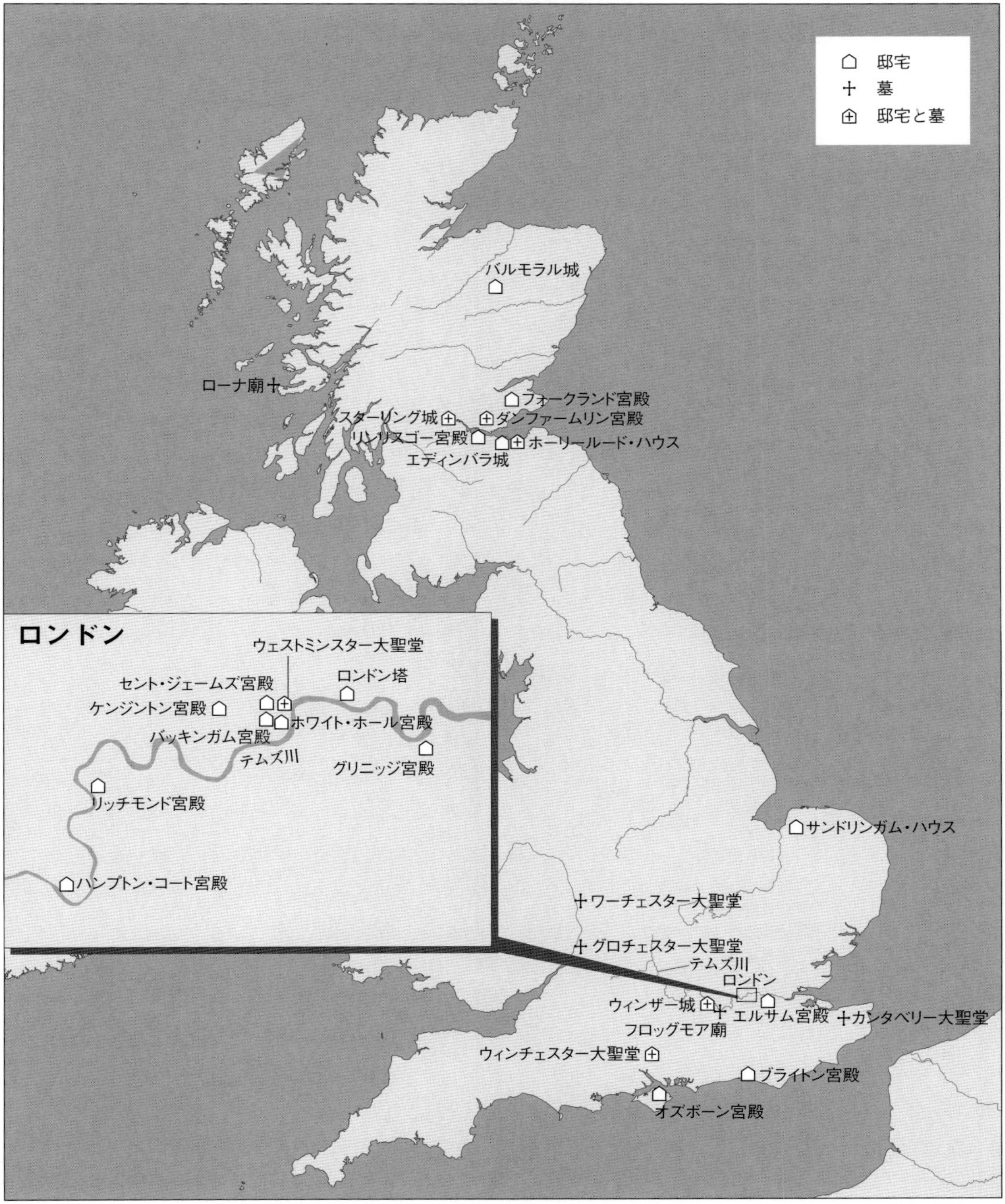

邸宅
墓
邸宅と墓
バルモラル城
ローナ廟
フォークランド宮殿
スターリング城
ダンファームリン宮殿
リンリスゴー宮殿
ホーリールード・ハウス
エディンバラ城
ロンドン
ウェストミンスター大聖堂
セント・ジェームズ宮殿
ロンドン塔
ケンジントン宮殿
ホワイト・ホール宮殿
バッキンガム宮殿
テムズ川
グリニッジ宮殿
リッチモンド宮殿
ハンプトン・コート宮殿
サンドリンガム・ハウス
ワーチェスター大聖堂
グロチェスター大聖堂
テムズ川
ロンドン
ウィンザー城
エルサム宮殿
カンタベリー大聖堂
フロッグモア廟
ウィンチェスター大聖堂
ブライトン宮殿
オズボーン宮殿

	ブルク・シュトゥレリッツと結婚
	産業革命始まる
1780	ヨーロッパ諸国の中立同盟国との戦争勃発
1805	ネルソン提督、トラファルガー海戦でナポレオンを破る
1820	ジョージ4世即位（1795年、キャロライン・オブ・ブラウンシュヴィックと結婚）
1830	ウィリアム４世即位(1818年、アデレイド・　オブ・サクス・マイニンゲンと結婚)
1837	ヴィクトリア女王即位
1839	ヴィクトリア女王、サクス・ゴバーグ·ゴータ公、王子アルバートと結婚
1840	ニュージーランドの領有権宣言
1840~42	アヘン戦争
1851	ロンドンで世界博覧会が開催される
1897	ヴィクトリア女王在位60年記念式典
1901	エドワード7世即位（1863年、デンマーク王女アレグザンドラと結婚）
	サクス・ゴバーグ・ゴータ王朝始まる
1902	日英同盟の締結
1904	英仏協商の締結
1910	ジョージ5世即位（1893年、メアリー・オブ・テックと結婚）
1926	空前のゼネスト起こる
1935	インド統治法制定
1936	エドワード8世即位
	エドワード8世退位、翌年ウォーリス・シンプソンと結婚
	ジョージ6世即位（1923年、エリザベス・バウズ・ライアンと結婚）
	ウィンザー王朝と改名
1938	ミュンヘン会談
1952	エリザベス2世即位（1947年、フィリップ・マウントバッテンと結婚）
1956	スエズ動乱
1968	北アイルランド紛争勃発
1982	フォークランド紛争
1981	チャールズ皇太子とダイアナ結婚
1996	チャールズ皇太子とダイアナ妃離婚
1997	ダイアナ妃交通事故死

1813	ライプツィヒの戦いでプロイセン、ロシアなど同盟軍、ナポレオンを破る
1815	ウィーン会議（全欧州列国会議）
1821	ナポレオン、セント・ヘレナで没
1830	フランス7月革命。王政復古
1839	オランダからベルギー独立
1848	フランス2月革命
1853~56	クリミア戦争
1859	イタリア統一戦争
1861	イタリア王国成立
	オーストリア・プロイセン戦争勃発
1867	オーストリア・ハンガリー二重帝国出現
1870	ビスマルク、フランスに宣戦布告を誘導
	ナポレオン3世降伏
1871	ドイツ帝国成立
	プロイセン王ヴィルヘルム1世即位
1912~13	第一次バルカン戦争
1914~18	第一次世界大戦
1917	ロシア3月革命、11月革命
1918	ドイツ、連合国と休戦条約。皇帝ヴィルヘルム2世退位
	オーストリア・ハンガリー二重帝国解体
1919	ヴェルサイユ条約
1920	国際連盟成立
1922	オスマン・トルコ消滅
	南アイルランド独立
1929	世界大恐慌
1931	スペイン共和国成立
1933	ドイツ、ヒトラーが首相となる
1936~36	スペイン内乱
1938	ドイツ、オーストリアを併合。ユダヤ人迫害
1939	スペイン、フランコ将軍の独裁政治始まる
1939~45	第二次世界大戦
1945	国際連合成立
1949	NATO成立
1980~88	イラン・イラク戦争
1990~91	湾岸戦争
1991	ソビエト崩壊
1993	EU発足

1554 メアリー1世、スペインのフェリペ王子と結婚
1557 スペイン王位継承戦争に参戦。
1558 スペイン対フランス戦争に参戦。カレーを奪われる
1558 エリザベス1世即位
1588 スペイン無敵艦隊破る
1593 新教徒の非国教派閥、弾圧される
1600 東インド会社設立
1603 スコットランド王ジェームズ6世、イギリス王ジェームズ1世として即位（1589年、アン・オブ・デンマークと結婚）。スチュアート王朝始まる
1605 「火薬陰謀事件」発覚
1607 北米ヴァージニアに英植民地建設
1608 清教徒約100人、アムステルダムに移住
1610 ジェームズ1世、王権神授説を唱え、議会と衝突
1616 シェイクスピア没
1620 清教徒102人、メイフラワー号でアメリカに移住
1625 チャールズ1世即位。ヘンリエッタ・マリアと結婚
1628 チャールズ1世、議会を解散
1642 国王軍と議会軍の内戦勃発
1645 ネズビーの戦いで国王軍敗れる
1649 チャールズ1世処刑
1649~60 クロムウェル親子による共和制
1652 第一次英蘭戦争
1660 チャールズ2世即位
1662 チャールズ2世、キャサリン・オブ・ブラガンザと結婚
1665 第二次英蘭戦争
1666 ロンドン大火
1673 ジェームズ2世、メアリー・オブ・モデナと結婚
1685 ジェームズ2世即位
1688 名誉革命始まる
1689 「権利の章典」制定
ウィリアム3世、メアリー2世即位
1690 ジョン・ロックの『人間悟性論』
1694 イングランド銀行設立
1702 アン女王即位（1683年、デンマーク王子ジョージと結婚）
スペイン王位継承戦争に参戦（1701~14年）
1713 ユトレヒト和約。スペイン王位継承戦争終結
1714 ジョージ1世即位（1688年、ゾフィア・ドロテアと結婚）。ハノーヴァー朝始まる
1720 南海泡沫事件
1727 ジョージ2世即位（1705年、キャロライン・オブ・アーンズバックと結婚）
1753 大英博物館設立
1756 7年戦争勃発（イギリス・プロイセン同盟対オーストリア、フランス）
1760 ジョージ3世即位
1761 ジョージ3世、シャーロット・オブ・メックレン

1511 神聖同盟。ユリウス2世、ヴェネツィアと協定し、イギリス、スペインなどと対仏同盟を結ぶ
1512 スペイン王フェルナンド、ナバラを略奪
1513 マキャベリ、『君主論』を書く
マクシミリアン1世、ブルゴーニュ公となる
1517 ルター、宗教改革の95カ状の論題を提示
1519 レオナルド・ダ・ヴィンチ没
1522 マゼランの世界周航成功
1527 カール5世軍ローマ略奪
1530 アウグスブルクの帝国会議
1536 オランダの人文学者、エラスムス没
フランスのカルヴァン、スイスのジュネーヴで宗教改革
1542 メアリー・スチュアート誕生。生後9カ月でスコットランド女王に即位
1545~63 トリエントの宗教会議
1547 モスクワ大公イヴァン4世、皇帝を称す
1548 アウグスブルクの宗教和議
1556 フェリペ2世、スペイン王に即位
1558 カール5世没
1562~98 フランスでユグノー戦争勃発
1568 ネーデルランド独立戦争始まる
1571 レパントの海戦でスペイン、オスマン帝国に勝利
1572 フランス、サン・バルテミーの大虐殺
1558 メアリー・スチュアート、フランス皇太子フランソワと結婚
1568 メアリー・スチュアート、イギリス亡命
1577 フランシス・ドレイク、世界一周就航に出発
1582 教皇グレゴリウス13世、グレゴリオ暦を制定
1587 メアリー・スチュアート処刑
1598 フランス王アンリ4世、「ナントの勅令」発布、宗教の自由を認める
1614 フランスで三部会開かれる
1618 三十年戦争の勃発
1661 フランス王ルイ14世の親政始まる
1685 フランス、ナントの勅令廃止
1700 北方戦争勃発（スウェーデン対ロシア、デンマーク、ポーランド）
1740~48 オーストリア継承戦争
1775~ アメリカ独立戦争。パリ講和により独立が承認さ
1789 パリ市民、バスティーユ襲撃
1792 フランス王政停止
1793 ルイ16世、マリー・アントワネット処刑
1796 ナポレオン、イタリア遠征
1804 ナポレオン帝位。「ナポレオン法典」制定
1812 ナポレオン、ロシアに遠征

1337~1453	英仏百年戦争
1346	クレシーの戦いで勝利
1347	カレー占領
1356	ポワティエの戦い（黒太子の活躍）
1377	リチャード2世即位
1381	ワット・タイラーの乱
1382	リチャード2世、アン・オブ・ボヘミアと結婚
1384	ヘンリー4世、メアリー・ド・ブーンと結婚
1394	リチャード2世、イザベラ・オブ・ヴァロアと再婚
1399	ヘンリー4世即位。ランカスター王朝始まる
1403	ヘンリー4世、ジョアン・オブ・ナヴァールと再婚
1413	ヘンリー5世即位
1415	アザンクールの戦いでフランスに勝利
1420	ヘンリー5世、キャサリン・オブ・ヴァロアと結婚
	トロワ条約締結。フランスの王位継承権を得る
1422	ヘンリー6世即位
1429	オルレアンの戦いでフランスに敗北
1444	ヘンリー6世、マーガレット・オブ・アンジューと結婚
1453	百年戦争終結
1455~85	薔薇戦争
1461	エドワード4世即位
1464	エドワード4世、エリザベス・オブ・ウッドヴィルと結婚
1483	リチャード3世即位（1472年、アン・オブ・ウォリックと結婚）
1485	ボズワースの戦い。リチャード3世破れ、薔薇戦争終結
	ヘンリー7世即位
	チューダー朝始まる
1486	ヘンリー7世、エリザベス・オブ・ヨークと結婚
1509	ヘンリー8世即位、キャサリン・オブ・アラゴンと結婚
1533	ヘンリー8世、アン・ブーリンと結婚
1534	首長令発布
	英国国教会確立
1535	トマス・モア処刑
1536	修道院開放始まる
	アン・ブーリン処刑
1547	エドワード6世即位
1553	メアリー1世即位
1554	ワイアットの乱
	ジェーン・グレイ処刑

1347~50	全ヨーロッパでペスト大流行、人口激減
1373	ジョン・ウィクリフの教会大批判
1378	教会の大分裂
1402	ヴィスコンティ家のミラノ公、フィレンツェを攻撃中死亡
1414~1415	コンスタンツ宗教会議、教会の改革運動
1417	教会分裂終わり、教皇はローマに復帰
1419~36	フス戦争
1422	フランス王シャルル7世即位
	シャルル7世、ジャンヌ・ダルクの助けで、ランスで戴冠
1431	ジャンヌ・ダルク、火あぶりになる
1434	メディチ家、フィレンツェ支配
1453	東ローマ帝国滅亡
1469	アラゴン王フェルナンドとカスティーリャ女王イザベラの、スペイン共同統治始まる
1479	スペイン統一
1492	レコンキスタ（スペイン国土回復運動）完了
	コロンブス、アメリカ大陸到達
1494	フランス王シャルル8世、ナポリ征服
1495	ポルトガル王マヌエル1世即位、海外発展の最盛期を迎える
1497	ヴァスコ・ダ・ガマ、リスボン出航。翌年、カリカットに到着
1498	フランス王ルイ12世即位、イタリア遠征
1494~1559	イタリアをめぐり、フランス対ハプスブルク家の戦争
1499	マクシミリアン1世、スイスの独立を永久承認
1500	カール5世誕生
	ポルトガル人のピンソン、ブラジル発見
1501	フィレンツェ人アメリゴ・ヴェスプッチ、ブラジル発見
1508	カンブレー条約。マクシミリアン1世、フランス王ルイ11世、対ヴェネツィア防衛条約を締結

イギリス王室史略年表

1050	ウィリアム1世、マティルダ・オブ・エノーと結婚
1066	エドワード懺悔王没
1066	ハロルド1世即位 ノルマンディー公ウィリアムのイギリス征服 ウィリアム1世即位 ノルマン朝始まる
1085	ドームズデイ・ブック作成
1087	ウィリアム2世即位
1100	ヘンリー1世即位、マティルダ・オブ・スコットランドと結婚
1118	マティルダ王妃没（1121年ヘンリー1世、アデライザ・オブ・ルーヴァンと再婚）
1135	スティーヴン王即位（1115年、マティルダ・オブ・ブーローニュと結婚）
1139	スティーヴン王とマティルダ（ヘンリー1世娘）の戦い始まる
1154	ヘンリー2世即位（1152年、エレアノール・オブ・アキテーヌと結婚） プランタジネット朝始まる
1170	カンタベリー大司教ベケット暗殺
1189	リチャード獅子心王即位
1191	リチャード獅子心王、ベランガリア・オブ・ナヴァールと結婚 リチャード獅子心王十字軍遠征、アッカーを占領。帰途にオーストリア公の捕虜となる
1199	ジョン王即位（1189年、イザベラ・オブ・グロスターと結婚）
1204	ジョン王、フランス国内の英領喪失
1200	ジョン王、イザベラ・オブ・アングレームと再婚
1215	ジョン王、「マグナ・カルタ」に署名
1216	ヘンリー3世即位
1236	ヘンリー3世、エレアノール・オブ・プロヴァンスと結婚
1265	シモン・ド・モンフォール、議会設立（下院の起源）
1272	エドワード1世即位（1254年、エレアノール・オブ・カスティーリャと結婚）
1277~95	ウェールズ侵攻始まる
1290	スコットランドとの戦争始まる
1295	エドワード1世、模範議会召集
1299	エドワード1世、マーガレット・オブ・フランスと再婚
1307	エドワード2世即位
1308	エドワード2世、イザベラ・オブ・フランスと結婚
1327	エドワード3世即位、フランス王位継承を主張
1328	エドワード3世、フィリッパ・オブ・エノーと結婚

⋮

ヨーロッパ史

1096~99	第一回十字軍開始。聖地回復、エルサレム王国建設
1187~	サラディンによるエルサレム王国占領
1256~73	神聖ローマ帝国空位の時代（皇帝権の弱体化）
1309	ローマ教皇のアヴィニヨン捕囚
1314	バノックバーンの戦いでロバート・ブルース勝利、スコットランド独立

⋮

あとがき

ヨーロッパでは、かつてほとんどの国が王室を戴いていた。しかし二つの世界大戦が終わった後には、北欧を除いて、王室が生き残っていたのはイギリス、オランダ、ベルギーの三王室だけだった。オランダ王室は一九世紀に、オラニエ・ナッソウ公ウィレム一世を初代とし、一八一五年に誕生した。ベルギー王室は、一八三一年にイギリスのヴィクトリア女王の伯父、サクス・コバーグ・ザールフェルド公の息子レオポルドを国王に招聘して、一八三一年に誕生した。両王国とも歴史が浅い。フランスのブルボン系のスペイン王室が復活したのは、戦後スペインに軍事体制をしいたフランコ将軍が世を去った一九七五年一一月二〇日である。

これをみると、その始まりが一一世紀にまでさかのぼるイギリスの王室が今世紀まで存続していること自体が奇跡に思えるが、その強靭さの秘密は本書をお読みいただければおわかりになると思う。女性の継承を排除しなかったこと、君主に足る器ならば外国から君主を迎えることを躊躇しなかったこと、緩やかではあるが、ヨーロッパの他の国に先がけて立憲君主政治を確立したこと……なかでも重要なのは、イギリスの歴史をとおして、理想の王、正しき王の姿が消えんとするまさにその時に、時を失せず国民に敬愛されカリスマ性を持つ王者が出現し、王権の強化がはかられてきたという事実である。

チャールズ皇太子との離婚後、ダイアナ妃から王族の称号ハー・ロイヤル・ハイネスを剝奪し、王室から排除した現代のイギリス王室はまさに危機に瀕していた。スキャンダルにまみれた滑稽で奇妙な人間の集団、そんな王室など廃止してしまえと人びとは声高に叫びはじめた。時はまさに労働党の時代。三人に一人のイギリス人はそう考えていた。

ところが、パリでダイアナ妃が事故死し、状況ががらりと変わる。ダイアナ妃を「人びとのプリンセス」と讃えて哀悼の意を表したブレア首相は、スコットランドのバルモラル城に閉じこもるエリザベス女王に、ロンドンに来るように、そして国民の前に姿を見せ、「人びとのプリンセス」にふさわしい葬儀をするように助言した。女王は躊躇した末に助言を受け入れ、慣例を破ってバッキンガム宮殿に半旗を掲げ、さらに慣例をやぶって、テレビを通しての追悼スピーチを行なった。そして、イギリス王室の菩提寺ともいえるロンドンのウェストミンスター寺院で壮麗な葬儀を挙行した。

ダイアナ妃の葬儀では、二〇〇万人ともいわれるイギリス国民がロンドンに押し寄せ、世界中の人がテレビに映し出される画面に釘付けになった。葬儀はイギリス王室の権威や威光を高めはしなかった。しかし、人びとが心をひとつにしてダイアナ妃の人柄を偲び、その業績を讃える行為によって、王室と国民の間の距離が縮まった。古く黴くさいイギリス王室は国民の涙で洗い清められ、消滅の危機から蘇生した。

イギリスは議会政治、民主主義発祥の地。それだけに、イギリスの君主制が消滅の危機に瀕したことは幾度もある。落日の悲劇にも見舞われた。一六四九年、チャールズ一世が議会派に破れ処刑された。フランス革命でマリー・アントワネットが処刑される一世紀半も前の話である。しかし、共和制はイギリス人の気質に合わなかったようで、一一年後、大陸に亡命していたチャールズ一世の息子が呼び戻され、チャールズ二世として即位する。

第二次世界大戦中は、高まる共和主義・民主主義の波のなか、ジョージ五世は戦争に敗れたら王室は消滅すると覚悟していた。だからこそ、空襲のロンドンを去らずに踏みとどまり、国民を励まし、祖国を勝利に導いた。祖父ジョージ五世から、国民とともに生きることの大切さを学んだはずのエリザベス二世は、ダイアナ妃の事件をとおして、今一度、王室は文化や歴史の継承のみならず、国民や国家と運命をともにすることが、その存続にとっていかに大事であるかを身にしみて悟ったにちがいない。

私はシェイクスピア劇の研究から、いつのまにかイギリス史に迷い込んでしまった。シェイクスピアのリチャード（のちのリチャード三世）は「黄金の王冠のなかには楽園がある。詩人たちが謳う至福と喜びのすべてがある」と豪語して、父親のヨーク公爵を反乱に駆り立てるが、シェイクスピアの王者たちは繰りかえし語る。王冠は奪うよりも維持するほうがはるかに難しいと。殺戮の末、王冠を手にしたとたんマクベスは、自分が犯した罪に怯え、「マクベスは眠りを殺した」と喚きながら城を彷徨する。夫を先王殺しに駆り立てたマクベス夫人は重い神経症の果てに自害する。父ヘンリー四世の生涯から王冠の重さを学び、その重さを知っているハリー王子（のちのヘンリー五世）は「ああ、磨きあげられた心労の種！　王冠よ、おまえは眠りの門を大きく開き、なんと多くの不眠を招き入れることか。ああ、玉座よ、おまえはそこに座る者の心を苛み、夏の日盛りに重装備をした兵士のように、身の安全を保証しながら、身を焼く苦しみを嘗めさせるのだ」と言う。

本書を通して、このような重荷を背負ったイギリスの王者たちがいかなる役を演じ、歴史の彼方に消えていったか、史実とともに、その人間性に触れていただければうれしい。

二〇〇七年夏　石井美樹子

参考文献

石井美樹子『薔薇の冠――イギリス王妃キャサリンの生涯』
朝日新聞社　1993

石井美樹子『王妃エレアノール――十二世紀ルネッサンスの華』
朝日新聞社　1994

石井美樹子『イギリス――王妃たちの物語』
朝日新聞社 1997

石井美樹子『薔薇の王朝――王妃たちの英国を旅する』
光文社文庫　2007

加藤雅彦『図説　ヨーロッパの王朝』
河出書房新社　2005

鈴木晟『面白いほどよくわかる世界の王室
――激烈なるヨーロッパ中世・近代史を読み解く』
日本文芸社　2006

三浦一郎・金澤誠編著『年表要説　世界の歴史』
社会思想社　1968

森護『英国王室史話』 大修館書店　1986

Elizabeth I: Collected Works, edited by Leah S. Marcus, Janel Muller, and Mary Beth Rose. Chicago & London: The University of Chicago Press, 2000.

Fraser, Antonia. *Mary Queen of Scots*. London: Weidenfeld & Nicolson,1969.

Griffiths, Ralph and Thomas, Roger S. *The Making of the Tudor Dynasty. Stroud*: Alan Sutton, 1985.

Ives, E. W. *Anne Bolyn.* Oxford: Basil Blackwell, 1986.
Kiste, John Van Der. *George III's Children.* New York: Sutton Publishing, 1999.

Musset, Lucien. Translated by Richard Rex. *The Bayeux Tapestry.* Rochester: Boydell & Brewer, 2005.

Pollard, A. J. *Richard III and the Princes in the Tower.* Glasgo: Alan Sutton, 1991.

Somerset, Anne. *Elizabeth I.* London:Phonix Press, 1991.

地図製作・平凡社地図出版

◉著者略歴

石井美樹子（いしい・みきこ）

一九七一年、津田塾大学大学院博士課程修了。英国ケンブリッジ大学で中世英文学・演劇を研究。現在、神奈川大学教授。文学博士。

主な著者に『ルネサンスの女王エリザベス』『イギリス王妃たちの物語』（朝日新聞社）、『イギリス・ルネサンスの女たち』（中公新書）、『聖母のルネサンス』（岩波書店）、『薔薇の王朝――王妃たちの英国を旅する』（小学館文庫）、『図説ヨーロッパの王妃』『図説ヨーロッパ 宮廷の愛人たち』（河出書房新社）など多数。

ふくろうの本

図説　イギリスの王室

二〇〇七年　八　月三〇日初版発行
二〇一一年　七　月三〇日2刷発行

著者……………………石井美樹子
デザイン………………SONICBANG CO.,
発行者…………………小野寺優
発行……………………河出書房新社
東京都渋谷区千駄ヶ谷二-三二-二
電話　〇三-三四〇四-一二〇一（営業）
〇三-三四〇四-八六一一（編集）
http://www.kawade.co.jp/
印刷……………………大日本印刷株式会社
製本……………………加藤製本株式会社

Printed in Japan
ISBN978-4-309-76099-5